孩子毛病
都是惯出来的

[美] 理查德·瓦茨（Richard Watts）◎ 著

周珏筱 ◎ 译

中国友谊出版公司

图书在版编目（ＣＩＰ）数据

孩子毛病都是惯出来的 /（美）理查德·瓦茨著；周珏筱译 . -- 北京：中国友谊出版公司，2018.11

书名原文：Entitlemania : How Not to Spoil Your Kids, and What to Do If You Have

ISBN 978-7-5057-4490-5

Ⅰ . ①孩… Ⅱ . ①理… ②周… Ⅲ . ①家庭教育 Ⅳ . ① G78

中国版本图书馆 CIP 数据核字 (2018) 第 205541 号

著作权合同登记号　图字：01-2018-5840

书名	孩子毛病都是惯出来的
作者	[美] 理查德·瓦茨
译者	周珏筱
出版	中国友谊出版公司
发行	中国友谊出版公司
经销	新华书店
印刷	天津中印联印务有限公司
规格	710×1000 毫米　16 开
	12 印张　141 千字
版次	2018 年 11 月第 1 版
印次	2018 年 11 月第 1 次印刷
书号	ISBN 978-7-5057-4490-5
定价	45.00 元
地址	北京市朝阳区西坝河南里 17 号楼
邮编	100028
电话	(010) 64668676

前　言

何为娇生惯养

娇生惯养（Entitlemania）一词指的是孩子认为自己不必付出任何努力，理应得到自己想要的东西。父母往往不能认识到，孩子被惯坏最大的责任就在于自己。

也许你刚为人父母，害怕自己不能正确教育孩子，使孩子不懂得珍惜感激，不懂争取自己想要的东西；也许你的孩子已经 10 岁了，或者十几 20 岁了，正在读高中、大学，甚至已经成年了。无论如何，本书都将帮助你了解父母的哪些行为会宠坏孩子。如果你的孩子已经有了很不好的思维方式与习惯，让我来告诉你应该如何挽回局面，帮助孩子渐渐回到正常生活，通过自己的努力去争取自己想要的东西、获得成就。

我的名字叫理查德·瓦茨（Richard Watts）。许多富裕的美国家庭雇我做顾问，我作为私人顾问及法律顾问的职责是预见到他们生活中将会出现的困境与障碍，并设法让他们的儿女、孙辈不被财富引入歧途。财富若是不谨慎对待，很可能会毁掉孩子。很多孩子面对财富不懂感激，甚至忘恩负义；有的会在财富面前迷失；更有甚者抓得一手好牌，却沾染不良习惯而从此堕落。30 年来，我见证了几十个孩子的成长，有的走向了成功的坦途，而有些则只能面对惨淡的失败。他们父母的不同教育方式在很大程度上导致了这种差别。

在我的第一本书《财富寓言：富人的烦恼》（*Fables of Fortune : What Rich People Have That You Don't Want*）中，我们发现了一个违反直觉的现象：我们拥有的越多，就越难感到快乐。我的第二本书，也就是本书，仔细讨论了：一片好意的父母是如何过度放纵及代管孩子的生活，从而使得孩子无力面对现实生活。而且，父母给予孩子太多，使孩子无法发现自己的真正志向所在，让他们无法体会战胜困难后的自尊及满足感。

父母的错

大多数父母出于对子女的爱，希望子女尽可能地少受挫折，觉得自己能帮助子女过上好生活。

但谁都知道，说起来容易做起来难。很多孩子在生活的每个分叉路上，都有父母的悉心指导，父母还给了他们无数的机会。而哪怕现代世界信息唾手可得、知识资源丰富，许多孩子还是对未来毫无准备，这是为什么？明明已经处处留心了，是哪个步骤没有做好呢？父母为孩子仔细规划、严格执行，尽最大努力减少孩子会遭遇的失败，给予孩子一切机会。在父母小时候，这些机会因为疏忽或经济原因而不曾获得，现在却在孩子身上加倍弥补，做到了"把什么都给了孩子"。

这样有用吗？罗伯特·伍德森（Robert Woodson）说过："我们给了孩子我们不曾有过的东西，却也让他们无法体验我们所拥有的东西。"

这个道理很简单：给得越多，夺走的也越多。父母所做的选择不是给些什么，而是夺走些什么。如今的父母总是操心咖啡、高尔夫、购物、餐厅这些事情，对孩子的性格塑造丝毫没有负起责任的意思："现在的孩子觉得父母的就是他们的，他们想要什么就该有什么，怎么这个样子？这可不是我们的错，错的是社会、大学、同龄人的压力，这些东西让我们不知好歹的孩子一点都不懂感恩。"大错特错！真正错的就是父母。衣来伸手、饭来张口，谁能抗拒呢？孩子根本就不觉得自己娇生惯养，而父母却感到自己的付出没有被认可和理解。

娇生惯养并非现代产物

娇生惯养看起来是一个现在才出现的问题，但其实这个现象根本不新鲜。弗洛伊德（Freud）在 19 世纪就谈到过娇生惯养的问题：

> "他们总觉得孩子应该是完美的，完全忘记了孩子也是有缺点的。好像孩子就应当比父母拥有更多，应当不受生存条件所限，意志与思想不该被束缚，自然法则、社会法则都应该依着孩子，孩子应该是一切的中心。"[1]

需要说明的是，我们要谈的娇生惯养不是什么长篇大论的深奥科学。此书是为读者、为父母而著，以避免错误的教育理念对孩子产生副作用。我所得出的结论均来自我的职业生涯及个人生活所见。我所提到的事情均为真实故事，但为保护隐私，所提及的人名是经过修改的。这些故事将让读者了解，哪些方法能够奏效，哪些又失败了。

亡羊补牢，为时不晚

如果孩子还小，本书将帮助父母避免一些常见的陷阱；如果孩子已经长大，本书会帮助父母将孩子的生活拉回自尊自足的正轨。很多娇惯其实在孩子还没出世时就已经开始酝酿了，而且这种娇惯能够持续到孩子60岁。

虽然本书提到的一些子女来自富裕家庭，但这些事例中体现出的问题或许只是普通家庭出现的问题的放大版本而已。为什么孩子认为工作会轻轻松松得到？为什么他们能面不改色地拥有父母辛苦挣得的东西？他们要如何才能认识到一分耕耘一分收获？有的父母自己都是通过辛苦学习才获得学位，为何却要让孩子避免现实世界的困难？现在的父母为何认为，孩子不应该面临压力？为什么有的父母认为自己的成就感能够直接传递给孩子？让我们一起来探索教育的世界，寻求真相。也许我们会发现一些不愿接受的答案。娇生惯养的孩子不仅有溺爱孩子的父母，还有爷爷奶奶、外公外婆，这些人的溺爱都可能使孩子的视野被局限，让孩子认为这世上有些东西是理所应当的，自己理应有某些特权。

这样的溺爱环境就像辐射，虽然无法用肉眼看见、也无法感知，但慢慢地人就会感受到其影响。但希望仍是有的，只要避免一些错误，就不用为不省心的孩子操心一辈子。但问题关键并不在于孩子，而在父母。

现在就开始吧

本书分为三个部分。第一个部分是"父母，请反省自己的态度"，主要谈到了父母应清楚认识到自己为孩子做的事情有哪些出发点，这些行事准则又是如何影响孩子健康快乐成长的。第二个部分是"父母该做什么"，谈到了父母可以如何帮助孩子成长为内心强大、经得起挫折、独立的成年人。第三个部分"父母不该做什么"，谈到了父母对孩子有求必应的后果。通过书中的故事，你可以从别人的教训中吸取经验，避免犯下类似的错误。

本书的有些故事或许会令你发笑，因为这些故事也许和你自己的经历是如此相似；有的故事令人难过，因为我们必须认识到，应该让儿女走自己的路，成为真正独立、独特的人。或许读完此书以后，你会感到豁然开朗。

目　录

Entitlemania

第一部分

父母，请反省自己的态度

第一章
和孩子做朋友的观念大错特错

拉塞尔（Rusell）是我的三个孩子里最小的，他成年以后，我的妻子感觉这家里的孩子都快走光了，这让她感到伤心。我们对拉塞尔和对他的两个哥哥亚伦（Aaron）和陶德（Todd）区别很大。应该说拉塞尔比起他的两个哥哥有更多特权，甚至可以说是受溺爱。亚伦和陶德去上大学以后，我们给了他们信用卡，但我们也反复声明，只有紧急情况才能用信用卡。他俩都开了活期账户，我们根据每个月的预算给他们汇些钱，他俩都得自己掂量着预算用钱。

但拉塞尔就不一样了，他好像完全不明白在星巴克买一杯三倍浓缩卡布奇诺并不属于"紧急情况"。最初的几个月，他每月只用100美元，但后来每月花销越来越大。他的账户上有越来越多不必要的花销，而且每个月没有还清的部分有24%的利息，这让我很生气。我尤其受不了他在星巴克的花费。他在星巴克吃早饭和午饭，每天要喝两杯超大杯拿铁，他还拿钱款待朋友。吃快餐可比做饭省事多了，拉塞尔一直不学做饭。每次我在电话里跟拉塞尔讲这个道理，他妈妈看我的眼神就像是我在虐待我们的儿子一样。我都快气炸了，这已经非常克制了。她不想当坏人，我同样不想当坏人。

有一个月我收到的信用卡账单上有一项 500 美元的卡布奇诺咖啡机。要不是拉塞尔距离我 3 个小时车程，我准给他点颜色瞧瞧。我跟他说："你脑子里究竟在想什么？谁会在星巴克买这种东西？"

他说："爸你别急，听我说。我仔细想过的，你听了之后一定会觉得我这么做是对的。"

我什么也没说，因为我简直说不出话来了，我的脑袋都快炸了。他开始解释："我是这么想的，爸爸。我做了一份自己上个季度在星巴克的消费表。我平均每天要喝两杯超大杯拿铁，还要在那儿吃早饭。我没把午餐算进去，因为我发现过去 2 年我的会员卡都包含了午餐，还挺划算的。如果按每天 10 美元咖啡和 5 美元早饭来算，一个季度下来就是 1350 美元。一年下来在学校的时间就要花 4050 美元。"

他顿了顿，见我没反应，以为我开始理解他的逻辑了。然而恰恰相反，我脑袋都快气开花了。

他接着说："所以我花 500 美元买了个咖啡机，每喝一杯只要 42 美分。如果按同样的量计算，每年在学校的时间我就给你和妈妈省了 2624.46 美元。虽然这没有把我请朋友喝的算进去，但现在有了咖啡机，这笔成本也会减少。"他又顿了顿，然后开始收尾："你看，相当于我 2 个月就挣了这个咖啡机。"有两件事让我没法好好听他说话：一个是他不辞辛苦地保留了那 0.46 美元的零头，这是他给我们"省下"的；第二个就是他说他 2 个月"挣"了一台咖啡机。我想了想，这个时候不适合给他任何回答。

我说："我回头打给你。"

拉塞尔说："好的，爸爸，等你打给我吧。祝你今天愉快！"

我才不想开几个小时车去教训他。

解除和孩子的好友关系

我常在想，第一个月的时候要解决问题是多么简单，直接把信用卡取消掉就行了。我当时为什么不这么做？因为我要继续当一个"成功"的父亲，亚伦和陶德都已经成功独立了。而且，每次我教育拉塞尔，我妻子就跟我生气。后来我发现每个家庭最小的孩子都有个长处，他们知道父母如何教育、表扬、惩罚、奖励、怂恿、斥责自己的哥哥姐姐。最小的孩子就像企业家一样，他们知道怎么使收益最大化、成本最小化。我们和拉塞尔之间的关系变化由一系列小事情连成串，单独看这些小事情都无足轻重，但渐渐地我们就变得盲目地溺爱他。我们的教育理念本是把孩子当作独立的个体，在为他们好的事情上严格，我管这叫"防御性自私教育"（defensive and selfish parenting）。我们对拉塞尔有两点期待：

1. 让他和他的哥哥们一样成功。
2. 他能在更多方面让我们感到骄傲，证明我们确实是成功的父母。

我们渐渐迷失了。他的特权越来越多，我们也为之付出代价。我们一开始就该把信用卡取消掉。

拉塞尔从佩珀代因大学毕业以后，搬回到我们在加州拉古娜海滩的家。他的两个哥哥毕业以后，我们都没让他俩回来住。我们对孩子的理念是："找工作，开始新的人生！"大点的两个儿子都找到了工作，有了住处，买了电烤炉，进入了人生的新阶段。回想起他们毕业的时候，我才发现他们都没有问能不能回家住。他们知道下一步应该是怎么样的，因为我们作为父母在这个过程中所做的决定，是稳定而又连贯的。

但拉塞尔却说服我们让他毕业后找工作期间住在家里，他想要稳一点。他一开始决定尝试商业地产行业，也开始有了稳定的经济来源。追求稳定就像抓蚱蜢一样，你一接近，它就跳开了，永远也抓不住。拉塞尔的工资会涨，他会买新车，会拿奖金，搞不好还会买个新的冲浪板放在车库里。我们想的是，给他3个月，3个月后拉塞尔就可以离开家了。拉塞尔想的是，等爸爸妈妈去世了，继续住在这儿也挺好的。

拉塞尔在家的第一年，家里的生活完全改变了。我渐渐觉得一个人在家里清静清静挺不错的。现在的家庭生活就好像是无休止地为拉塞尔提供一流酒店服务，做饭要配合他的时间，我的妻子要给他打扫房间。有时他大晚上或者一大早从派对回家还会影响我的睡眠，他肯定常喝酒。我的妻子黛比（Debbie）就像还在养着一个未成年人一样，但拉塞尔对这种相处模式毫不介意。

拉塞尔在家待了差不多两年的时候，有一次我们周末度假回来，发现家里一团糟。但拉塞尔却觉得家里那个样子算不上糟，他这种态度倒是也没什么令人吃惊的。我们不在的时候，他请了"一小撮"人来家里玩。这"一小撮"恐怕得有差不多 50 个人。我的酒被喝光了，我的雪茄被抽完了。拉塞尔还说，雪茄就是拿来抽的嘛。到了晚上，我想忘记这天的不愉快，好好睡一觉时，却踩到了一块湿漉漉的东西，像一块毛巾似的。我打开床头灯拿起来看，竟然是一条湿的比基尼裤。没有胸衣，只有三角裤。当时拉塞尔已经在楼上打呼噜了，我和妻子大半夜花了 20 分钟重新整理床铺。我等了一个星期，找到时机和拉塞尔谈了谈。我问他："当你想到我——你的爸爸的时候，你会想到什么？"他不耐烦地回答说："这太简单了，爸爸，你是我在世界上最好的朋友。"说完还给我一个友谊的微笑。我平静地说："拉塞尔，我不想和你当朋友了。我只想当你的爸爸。"他的脸上竟没有一丝不解。在他眼里，我向他求助的可能性比下最后通牒还大一点。我接着告诉他："我觉得比起我，有其他人更适合做你最好的朋友，陪伴你走向未来，体验人生的酸甜苦辣。这个人会比我活得久，在我离开以后也能继续伴你左右。"这时候他终于开始好好听我说话了。"我作为父亲有两个任务。一个是无条件地爱你，也就是说，只要你尊重自己，就算我不喜欢你做的事情，我也会永远在感情上支持你；第二就是，在你向我求助时，我会给你我的建议，向你介绍我的方法、我的经历，或许能够帮助你思考你自己的人生。"

他现在开始很认真听我讲了。"我和你妈妈做父母的方法不会总让你感到愉快。但你要记住，不管你的情况怎么样，我都爱你。我向你保证，作为你的父亲，而不是你的朋友，我会告诉你我的真实想法。"拉塞尔还在认真听着，一副乐观的表情。"我要去告诉你妈妈，你决定搬出去住。不管是现在还是以后，你都不能跟她透露我们今天的谈话。我知道你手头紧。前6个月，我会给你出一半的房租。6个月之后，你就得靠你自己了。不管你是要精打细算过日子，还是在车里睡觉，你都得靠你自己了。这个家，你不能再随随便便地不请自来了。当然，我们偶尔会邀请你，你可以来吃个饭或者待一下午。其他情况下，不要再随便地进进出出了。"这时拉塞尔的脸上满是惶恐和排斥。

我内心很不安，但我不愿意再逃避了。作为他的父亲，我有责任让他为自己负责，我们一直以来都在害自己的儿子。两周以后，拉塞尔搬走了，他妈妈求他留下，她最终也相信了这是拉塞尔自己的意愿。我说服自己，我这样做是因为我爱拉塞尔，这样是对的。如果在他小一点的时候，我们就开始让他独立，这一切会容易得多。

不让孩子独立，只会害了他！

拉塞尔已经独自生活两年了。比起以前，他有了更多真正的朋友。他和别人不一样，很特别，不像我。我们和拉塞尔隔几周就会一起吃午饭，星期天会在一起吃晚饭。这一年拉塞尔的经济状况很紧张，我们是有条件帮他的，但还是忍住了。他把自己的公寓重新规整了一下，找了个室友分摊费用。他偶尔可以到我们这儿来住一晚，但第二天还是必须回到他自己的世界和生活。过去的两年对我们也不容易，他晚上总想到我们这儿待着，我们出于对他的爱拒绝了。只要速战速决，分离是没有那么多痛苦的。

几个月以后，拉塞尔说要付午饭钱，就当是提前的圣诞节礼物。我们面对面坐着，拉塞尔说："爸爸，我都没跟你说去年我经济有多紧张。"他看着我，有一点点不好意思，但还是透着自信。

他低着头说："我减少了花销，但赚的还是赶不上花的，信用卡欠了很多钱。我的四张卡有两张被收债公司盯上了，信用分也受损了。但我必须得做出选择，还得付房租、买吃的、缴气费。我把健康保险取消了。好多聚会也只能不去了，每周除了40个小时的常规工作时间，必须额外工作多赚点钱。我没有告诉你这些，是因为你说我得自己料理自己的生活。我做到了。过去几个月，我和信用卡公司谈好了，现在我的信用卡没问题了。以后的生活也不会轻松，但我现在明白了，既然过去这一年我都能撑过来，以后发生的事情我也能应付了。"

我多么想奖励他取得的进步。他学到的东西太多了。但足够了吗？按什么标准来评判呢？要不要帮他还一点点欠款？要不要帮他减轻一点担子……我又来了，我又在当他最亲密的朋友。他已经取得了这么大的进步，但凡是爱孩子的父母，怎么能让他继续煎熬呢？**但他并不是在煎熬，而是在学习。**他其实比以往更加真正享受自己的生活，他正走在自己的路上。他在探索自己喜欢的和不喜欢的，做出自己的选择，将生命中重要的事情独立地一一排序。

所以我问他："你现在独立了，对自己的生活感觉怎么样？"

他的回答就像一颗直击要害的棒球："爸爸，我觉得我过去根本没有自己的生活，而是依赖于你。"

我听了很吃惊，往后坐了坐，但也知道他说得没错。（自己的孩子所说的话总是那么直率，有些话会在我们的脑中回响一生。）他说得一点没错，在真正让他独立以前，我都是在骄纵他的行为。

他说："爸爸，你怎么不早点让我独立呢？"这让我无言以对。我有很大的责任，我感到惭愧。但同时我也觉得很骄傲，因为我最终还是承受了内心的负担，让拉塞尔独自闯荡。

自那以后，拉塞尔完全独立了。他和我的联系也更少了，但那是因为他现在把更多时间花在了自己的工作、朋友、休闲上。那晚是难忘的，拉塞尔邀请我共进晚餐，拿出他自己的信用卡付了钱。这是我作为父亲最开心的时刻之一。

他说："爸爸，我知道你们把我养大花费了不少时间和精力。我很难想象你和妈妈爱莫能助的痛苦，但确实只有这样我才能自己成长。我为自己感到骄傲。我在养育自己的孩子时，也会记住你为我做的事情。"

看见自己的孩子独立、独自找寻答案、找到自己，这对父母来说是莫大的奖赏。

我们和拉塞尔之间的经历让我们明白，**尽管过往不明智的无心之失可能会让孩子的成长受阻，但亡羊补牢，为时不晚**（虽然最好是一开始就加以避免）。不过整个弥补过程需要极度专注，需要毅力，这让人精疲力竭。当出现一点小成果的时候，一定要尤其小心，不要忍不住去掺和，才能最终实现目标。成功的滋味将美妙无比。

不要成为孩子最好的朋友！

不知从何时起，我们这些做父母的开始认为，成为孩子最好的朋友，比教给他们重要的生活经验更重要。孩子未必喜欢我们教给他们的一切，为什么我们就是不能坚强一点，承认这个事实呢？父母们挠破了脑袋，不知自己的孩子为何认为，人生就是一场一帆风顺的旅行。

如果你曾经说过："我和我女儿是最好的朋友！"或者你听过自己的子女说："我爸是我最好的伙伴。"那可能你本该告诉他们一些残酷的生活真相，却没有这么做。对孩子来说，父母应该只承担父母的职责，让他们自己在同龄人里去找最好的朋友。

当然啦，谁不想当孩子最好的朋友呢？在孩子很小的时候，大人就有这种愿望了。和小孩子待在一起让人感到愉快，他们小小的头脑不受束缚，充满想象力，感情上没有受过伤害。当大人可累多了！和一个3岁小孩一起坐在地板上玩拼图能够让人放松，效果不亚于一杯双料马爹利。

孩子慢慢成长，大人喜欢参与到他们玩耍的世界中，重回快乐、满足的童年时代。我们这一代家长大都热衷于和孩子一起玩乐，我父母那一代人是不会这么做的。

上一代父母更倾向于让孩子自己去玩，自己去探索。起码我是这么长大的。我 12 岁的时候，我和最好的朋友斯科特（Scott）骑着自行车从加州拉哈布拉的家出发，一直骑到惠蒂尔的惠特伍德商场，来回 20 公里。我们从自己的小猪存钱罐里拿自己存的钱去看电影，买爆米花、糖、饮料，回家的路上还会买便宜的三球冰淇淋。我们早上 7 点就会从家出发，争取天黑前回家。晚上 7 点是吃饭的时候，回去晚了可没好果子吃。那时候没有手机，付费电话很贵，我们那点钱往往用得精光，无论如何都不能回去迟了。

往往晚上到家的时候，爸爸妈妈已经把晚饭准备好了。有时他们会问我们去哪儿了，但多数时候不问。我觉得他们也没那么在意我们上哪儿了。一般我们都被赶出电影院，因为我们扔爆米花玩，或者用吸管往其他看电影的人身上喷射豌豆。我们骑车到处撒野，囊中羞涩，但我们总能把车胎修好，我们的经历很丰富。今天的父母很少这么开放，也很少允许孩子这么放肆地玩。

对吃过亏的父母来说，教育孩子就像是一次重来的机会。我的意思是：我们的辛勤付出就是为了孩子不再重蹈我们的覆辙，比如高中学习不努力，没能去好大学读书；训练不够努力，没能进入校队；在一些无法获得未来经济回报的爱好上付出过多时间。当然了，我们的本意是好的，我们希望他们免受一些挫折。但更重要的原因是，我们是自私的，我们不想再次尝试失败的滋味。很难以置信，不是吗？生活中那些令我们倍感受伤的时刻深深地印在了我们的脑海中。就好像眼球上面有一块屏幕一样，上面显示着我们这一生的痛。这是每个人自己的人生故事。伤痛是最好的激励，伤痛激励着我们不再陷入历史的泥潭，助我们避开某些有负面影响的人。避开痛苦的本能会让我们下意识地、自我保护地行动，你以为你保护的是你的孩子，其实保护的不过是你自己而已。

简单来说，号称"孩子最好的朋友"这类父母，把自己的苦与乐带入了孩子的人生中。在这个过程中，他们常操纵着自己的孩子，好似将自己人生中最珍贵的时刻重新活过，或者改写自己童年时代的噩梦。

我常把最好的朋友比作副驾驶员。副驾驶员全程坐在驾驶员的身边，二者的视野和角度是相同的。最好的朋友往往有着相同的经历，认可或者反对我们的某些决定。最好的朋友应与我们年龄相仿。当进入生命的湍流中时，副驾驶员会对驾驶员说："看起来有意料之外的不稳定气流出现了。"共同的经历会带给人安慰，接着就该努力应对。副驾驶员也许会说："我觉得我们应该降到 37000 千米，气流可能会平稳些。"一个不同的想法或许会起效，也可能使驾驶员重新思考。这就是一个不断试错的过程，不同的行为导向不同的道路和效果。这个办法奏效了，那个方法不灵，在这个过程中，驾驶员获得了宝贵的知识与经验。孩子经历的也是同样的过程。

许多父母都宁可当孩子的副驾驶员，也不去为他们做调度员。很不幸的是，有的父母想同时承担这两个任务。父母就应该做调度员，他们坐在控制塔，能够看见驾驶员无法看见的情况，为整个飞行保驾护航。调度员的职责是回答驾驶员的问题，提醒驾驶员异常情况，避免飞机失事。当然啦，调度员会把飞机的飞行任务留给驾驶员去完成。

溺爱的代价

装作孩子最好的朋友不是负责任的做法，而且无疑会对孩子造成伤害，有时甚至会伤害婚姻，比如接下来谈到的这个家庭。布拉德（Brad）和前妻卡拉（Kara）有一个已经成年的女儿布里安娜（Brianna），布里安娜是一个单身母亲，而且已经离过两次婚了。

布拉德出身富有，他的祖父是一个公司的创始人，进入 21 世纪以后，那家公司的雇员数量已经超过 3 万人了。到孩子这一辈和孙辈时，这家的财富累计接近 20 亿美元。而且他们家还以慈善事业著称，家族名字也出现在美国几所知名大学的建筑上。

布拉德和妻子卡拉有三个孩子。布里安娜是大女儿，除此之外还有两个儿子，林肯（Lincoln）和赛斯（Seth）。布里安娜是个身材苗条、蓝眼睛的美人，布拉德和她是最亲的，布拉德叫她"公主"，对待女儿真的就像对待皇室公主一样。

布里安娜读小学的时候，布拉德简直就像是布里安娜在学校的"妈妈"，样样管。他是布里安娜参与的足球队的教练，带她买衣服（甚至布里安娜长成青少年后也都是这样），在她参加当地选美比赛的时候全程陪伴。

16 岁时，布里安娜的身材已经出落得有女人味了。她参加比赛时喜欢穿一些大胆的衣服和泳装，展示自己的身材。布拉德竟然一点也不以为意，而且每当女儿在舞台上时，他还十分骄傲，但其他参赛者的妈妈们都会面露不快，觉得布里安娜的衣服不太合适。不过布里安娜确实经常赢得比赛。布拉德也觉得自己像一个赢家。

布里安娜参加高中毕业舞会时，布拉德坚持陪同。在舞会上，他好几次和女儿共舞，展示他俩练了好多年的舞步。这对二人组的表演相当精彩。布里安娜不仅漂亮，头脑也很聪明。她以顶尖的成绩毕业。在毕业那天，她的学士服下是一双 10 厘米高的高跟鞋。毕业典礼结束以后，布里安娜还穿着学士服、带着学士帽，和父母与其他毕业生一起向停车场走去。

停满车的停车场的第一个车位，停着一辆闪亮的白色宝马 M3，车上系着一米多长的粉色丝带和蝴蝶结。车子的车顶收起来了，一个巨大的粉色泰迪熊微笑着坐在驾驶座上。车子的后窗上用粉色的漂亮字体写着："我们爱你，恭喜毕业！"

其他毕业生都围了过来，呆呆地看着布里安娜羡煞旁人的时刻。她的朋友真心地赞赏着布里安娜的礼物。其他父母们有的因为相形见绌而遗憾，也有的不屑一顾。布拉德脸上挂着胜利者的笑容。

布里安娜和妈妈的关系就更微妙一些了。布拉德总指望卡拉去管教女儿，实际上布拉德几乎从不管教女儿，全让卡拉承担这个责任。（布拉德倒是在管教两个儿子林肯和赛斯时尽到了责任。他觉得让两个儿子长成坚强、独立的男人是自己的责任。）卡拉有时对布里安娜很生气，但很少说什么。女儿几乎事事完美，哪个慈母会批评这样的孩子呢？

布拉德总是在女儿面前扮演英雄角色，卡拉则不得不唱黑脸，这让卡拉很不满意。卡拉生气的是，哪怕不得不管教布里安娜时，布拉德从也不愿意让他自己和女儿的关系冒一点点风险。在卡拉看来，有时候不管是男孩还是女孩，对的就是对的，错的就是错的。布里安娜高中毕业两年以后，卡拉提交了和布拉德的离婚申请书。

布里安娜读大学时成绩也不错，但她和周围男性相处很糟糕。许多人都对她有好感，但她不太能分清好坏。虽然她很受欢迎，受大家喜欢，但在和亲近的人相处时，总表现得好像一切都是绕着她自己转一样。她不懂如何在这样的情境下相处。但话说回来，她如何能懂得呢？和爸爸在一起时，一切都是围着她转的。

结果就是，愿意追她的男人都对她的想法不感兴趣。其他人都看得出来这个规律，唯独她自己发现不了。她会很容易动情，然后又极度失望。她往往坚信自己找到了命中唯一的男人，然后过了一周就选择分手，谁都达不到她的要求。

大学毕业后，德里克（Derek）向她求婚，然后这一切都改变了。婚礼在加勒比海的圣基茨岛举办，宾客可以早些订酒店（每晚可以享受优惠价格 320 美元）。整个婚礼预计持续 4 天，无比奢华。不……这种完美婚礼从没发生过……婚礼前的两周，宾客们订的酒店房间已经不能取消了，结婚礼物也送到了，布里安娜却和新郎吵了一架。她想逃离他的"浅薄和愚蠢"，跑到布拉德身边。布拉德安慰她说："我看德里克也配不上你。"布拉德觉得自己的公主配得上更好的人。酒店放了布拉德一马，只让他付了一半的钱（14 万美元），结婚礼物一直没有被退回去，宾客们也没有收到婚礼突然取消的道歉。后来再没人提过这件事。

　　布里安娜后来又邂逅了自己的新王子，并在 12 个月以后嫁给了他。但过了不久就离婚了。20 个月之后又和另一个人结了婚，这次她怀了孩子，但这段婚姻也没有持续很久。

　　布里安娜现在独自抚养着自己的小儿子，小布拉德利（Bradley Jr.）。老布拉德是完美的外公，他很宠爱自己的小外孙。布拉德和他的新妻子为外孙的教育办了个信托基金，还额外多存了笔钱，留给他以后买房子。现在布里安娜和她妈妈的关系比以前任何时候都好，她们可以彼此分享对男人失去信任的经历。

究竟是谁的错？

要如何避免这种情况呢？要怎么挽救女儿的一生，让她成长为一个正常的女性、拥有一段正常的婚姻？如果布拉德和卡拉能多多沟通的话，会有一些帮助。布拉德可以问自己的妻子："对布里安娜，我要怎么做才更好呢？"卡拉也可以对布拉德更坦白地说出自己唱黑脸的苦恼。两人如果参加专业心理治疗的话，都会有好处。有的父亲对待女儿就像对待情人一样。办法是什么呢？老婆第一，女儿第二。

经济上来说，父母应该避免给孩子贵重得不必要的礼物。懂得适度是好父母的一个重要品质。**有的道理只能靠孩子自己从经历中学习，这种时候需要克制自己。**你愿意住在一个总体经济水平低于你自身水平的社区吗？大道理谁不懂呢？但有时，我们的自我意识不允许我们袖手旁观。到头来，哪个选择的代价更大呢？

你是否对以上这些故事有同感？你是否发现了，不断给予的父母是如何害了自己的孩子的？孩子的骄纵是父母怂恿的一种精神失常。

怪罪孩子任性时，我们是在推诿自己的责任。

第二章
你是为孩子铺好坦途的"直升机父母"吗？

有的新生儿生下来就被生母抛弃在垃圾堆中，一天甚至几天都没人发现，却还能奇迹般存活下来。我很佩服如此强大的生存能力。我总在想一个没有答案的问题：对我自己的孩子，我要给他们多少那些弃儿所没有的东西？这个问题很不成熟，但我却总会想，究竟多少是太多？

现在的趋势是相反的，尤其是那些受过教育的、成功的年轻父母，在网络的怂恿下，巴不得把孩子成长中任何"不完美"的因素都剔除掉。对这些孩子，或者说这一代孩子来说，宠溺正在生根发芽。有的孩子还在子宫里，父母就开始精心计划了。如果父母有这样的想法："我必须为自己的孩子铺好坦途。"这样的父母就是典型的"直升机父母"[1]。如此一来，孩子的特权意识自然就根深蒂固了。

---

[1] 译者注：直升机父母是一个流行的新词语。把某些"望子成龙""望女成凤"心切的父母叫作"直升机父母"——就像直升机一样盘旋在孩子的上空，时时刻刻监控孩子的一举一动。

早早开启的娇惯之旅

贾斯汀（Justin）和珍妮（Jenny）在5年前结婚，当时他们都是30出头的岁数，婚姻初期，他们是模范夫妻。他们在南加州大学相遇，两人都有工作。贾斯汀是一个高级程序员，每周有3天出差。珍妮在一个很成功的化妆品公司工作，这家公司为青少年提供高级面部产品，她是该公司创意团队的主要包装设计师。夫妻两人都很专注于事业的进步，在事业上相互扶持。组建一个家庭也是他们的计划之一。他们决定买一只小拉布拉多，彩排为人父母的生活，也确实买了，小狗的名字叫巴克斯特（Baxter）。

贾斯汀和珍妮就像预想的一样，对巴克斯特无微不至，就像对他们自己的事业一样细心。为了给巴克斯特最好的成长环境，贾斯汀花了一整个周六把网购的狗屋亲手搭建出来，这个狗屋放在露台很合适。贾斯汀和妻子听说小狗16周大就可以训练它了，他们便报名参加了宠物训练学校，想把它训练成一只乖狗狗。珍妮和贾斯汀都去上课，他们俩每天都和巴克斯特一起训练，生怕训练不够水准。

巴克斯特很听话，也很好玩。只要有朋友来家里玩，巴克斯特都能表演几个小节目。周末他们会带巴克斯特去狗狗公园，或者其他受狗狗欢迎的地方，让巴克斯特始终是众人的焦点。当然了，贾斯汀和珍妮的社交安排也不得不缩减，因为他们越来越不愿意长时间留巴克斯特独自在家，把它放到宠物旅馆更是不可能的。

出去旅行的话，他们觉得巴克斯特最好待在熟悉的环境、吃熟悉的食物、保持相同的散步规律。所以他们请了一个高中女生凯莉（Kelly），在他们外出旅行时，待在他们家里照顾巴克斯特。

总之，每个月照顾巴克斯特的费用比珍妮梦寐以求的宝马车还昂贵。和巴克斯特一起生活了两年之后，"一家三口"开始讨论组建家庭（巴克斯特也"参与"了讨论）。

当时，贾斯汀、珍妮和巴克斯特共住一个两卧室的公寓。贾斯汀的妈妈玛吉（Margie）家庭富有，她很开心自己要抱孙子了，很愿意帮他们带孩子。她告诉小两口，如果他们需要买三个卧室的房子的话，她愿意在经济上提供帮助，她觉得家里要添人口的话，起码要三个卧室的房子才够住。贾斯汀和珍妮没有犹豫，接受了她的提议。

珍妮在网上看遍了养孩子的理想房屋。她仔细地检查每一个因素，比如离工业区的距离、离风带和各种灰尘的距离、附近水体的质量、森林的空气质量、附近医院的接生及婴儿护理水平。最终，她和贾斯汀选择了一个理想的街区，为完美的家精心购买了各种物件。

毫无疑问，网络信息令人诧异、无边无际。只要随意浏览，就能感到海量信息给人带来的焦虑。对于焦躁又力求完美的准妈妈来说，这些信息尤为伤神。在铺天盖地的营销攻势下，当今的父母都觉得，自己的孩子一定要睡在全有机的婴儿床里，婴儿床由环保木材制成，刷的是无毒漆，用的是有机床垫，床垫里面是以钢簧和橡胶树为原料的有机泡沫，生怕稍有一个不谨慎，新生的天使就会在睡梦中吸入致命的化学气体。现在的广告花大力气让父母们相信这些危言耸听的东西。

明白我的意思吗？有的准妈妈或者准爸爸过早地注意一些非常琐碎的问题，害怕孩子受到任何一点伤害。这些人的孩子出生以后，他们多半也会想要把孩子一生中的所有障碍都给扫平。所以我总说：**"在孩子出生以前，娇惯就已经开始了，因为父母有太多完美的期待。"**

当然了，无微不至地关怀婴儿本就是件很自然的事情。但婴儿慢慢会长成儿童、青少年、成年人，如果父母还要一直保持婴儿时期的细致，反而对孩子的成长非常不利。这种娇惯还有一个潜在后果，就是亲子关系会很混乱，甚至祖孙关系都会有问题。

不要为孩子扫清人生路上的所有障碍

　　丹尼斯（Dennis）35 岁了，他是艾弗雷特（Everett）和温蒂（Wendy）的儿子。艾弗雷特和温蒂经营着家庭生意，主要是生产商业建筑及高层建筑的防震固定装置。近几年，他们家的产品被用在了世界各地的高楼上，生意做得很好。他们家在不同的水体有两艘游艇，在三个国家都有房产。每个地方的家里全年都有工作人员，以便这家人随时"回家"。艾弗雷特和温蒂很慷慨，他们对当地教堂和慈善组织的捐款人尽皆知。

　　丹尼斯和两个姐姐没成年的时候，他们的成长环境还只是相对平常的上层中产阶级教育。三人都去上了大学，他的二姐去了美容学校，搬去了纽约，希望以后能给富人和明星化妆。丹尼斯暑假时去了家里的公司实习，大多数实习生都只拿很少的工资，甚至没有工资，但丹尼斯能够领到一份普通工资。艾弗雷特还为丹尼斯付他住处、车子加油的费用，这是这份工作的额外好处。

　　第三次暑期实习时，丹尼斯的父母给了他一个惊喜，买了一辆奥迪 A6送给他开回学校。他们觉得丹尼斯每个暑假工作都很认真，应该给他点小小的奖励。他们全款给他买了车，把汽车产权证直接给了他，产权证上有艾弗雷特和丹尼斯的名字。

丹尼斯在学校读的文科和音乐，毕业时成绩优异、没有学费债务，音乐成绩尤为突出。他的小提琴演奏水平颇高，喜欢各种类型的音乐，包括乡村音乐和摇滚。毕业后的夏天回家时，他有些失落。他找到了一个比前几个暑假住得好些的公寓，他习惯了独立，想自己单独住。他甚至没有和家里人商量谁来付这个费用，爸爸自然是付得起的。丹尼斯计划在确定自己的职业道路之前先在家里的公司工作。

新公寓没有装潢过，所以丹尼斯和妈妈制订了装修计划，买了好多普通的新家具。瑞秋（Rachel）是丹尼斯谈了很久的女朋友（现在已经是他的妻子了），这段时间她也一直在帮忙选家具，很明显丹尼斯和瑞秋要住在一起了。

毕业以后，丹尼斯进公司当了销售员，但他的办公室就在他爸爸的办公室旁边，其他销售员不打招呼是不能进老板办公室的。当父子两人午饭都没有约人时，他们会一起离开办公室，60分钟的午饭时间后再一起回到办公室。

慢慢地，丹尼斯不如前几个夏天那么有干劲。有时候他头天晚上参加演奏会的话，第二天上班就会晚来。他参加的表演都比较正式，比如地方剧院或者音乐剧的表演。丹尼斯作为演奏家的名声越来越响亮，但他花在办公室的时间也越来越少了。艾弗雷特却一点也不烦恼，他认为儿子是在追逐自己的梦想，父母应该在经济上全力支持，毕竟这点钱他们也出得起。

接下来一年，丹尼斯和瑞秋结了婚，她怀孕了，家里人都非常高兴。婚礼非常豪华，艾弗雷特和温蒂为自己的儿子和儿媳妇感到骄傲。尚未年老就当了爷爷，这让艾弗雷特感到自己完成了新的人生成就。他可以当爷爷了，他一定会准备充分，做一个好爷爷。要是丹尼斯对家族生意不感兴趣，搞不好他的孩子会感兴趣呢！6个月以后，埃尔斯·玛丽（Else Marie）出生了，人生多么美妙。

埃尔斯·玛丽出生以后，艾弗雷特建议丹尼斯买个新房子。丹尼斯没钱付首付，他的信用分也不够贷款。艾弗雷特希望丹尼斯可以自己申请贷款，就动用了银行的关系，给丹尼斯涨了工资，让他付得起月供。不久，丹尼斯一家就搬进了新家。

再接下来一年，丹尼斯找到了父亲，说自己想全心全意追求音乐梦想，而且他俩还想再要一个孩子。演奏的报酬不高，所以艾弗雷特答应他还是会在公司，这边给他付相同的薪水，并允许丹尼斯把注意力放在音乐上。丹尼斯很快就在音乐道路上有了斩获。一年以后，第二个孩子艾米·林恩（Amy Lynn）也出生了。

艾弗雷特很骄傲，虽然他儿子家里有三个卧室，艾弗雷特还是觉得，家里又有了孩子，家再大点更好，而且也如此向丹尼斯建议了。艾弗雷特住在俄亥俄州辛辛那提的一个富贵地区——印第安希尔。那儿有很多需要修缮的房子，大小都比较合适。但丹尼斯自己当然是买不起的。所以丹尼斯的父母决定给他出40万美元的首付，月供就和现在丹尼斯付的差不多，这样他就能承担了。当然了，薪水还是从艾弗雷特的公司来，丹尼斯保留了在公司的办公室，不过已经两年没去过了。他作为音乐家已经小有成就了，艾弗雷特和温蒂非常骄傲。

再后来的两年也一切顺利。但艾弗雷特在一次平板运动测试时，发现他的主动脉健康状况不佳，而且心脏有一些问题。这个问题当时经过医生努力解决了，看起来一切都很正常，但丹尼斯却动摇了。后来的一个月，丹尼斯和瑞秋说要见见我，我是他们的家庭顾问。他们要找我谈谈他们的一些"担忧"，丹尼斯担心的基本上就是他父亲的健康。他们冷冰冰地抛出了问题："我爱我的爸爸妈妈。爸爸是唯一能掌管公司的人，如果他走了，妈妈只能把公司给卖了。"

他望了望瑞秋，征得她同意表达他们"共同"的担忧。"如果公司卖掉了，我就没钱支撑自己的家庭了，"他顿了顿又接着说，"现在这个样子都是爸爸妈妈的错，主要是艾弗雷特的错。"

他这么说爸爸的名字有点过于冷酷了。"以前我只做些简单的工作，艾弗雷特就会付给我很多薪水，那会儿我还是个孩子。后来，我要从单身宿舍搬出去，再到成立家庭，再到买大房子。他也没有做什么，只是一味认可。"

瑞秋点点头同意他的说法。

"现在我们住的这个街区，这儿的住户都比我们大差不多 20 岁，他们都知道我们要是没有爸爸妈妈帮忙是住不起这个地方的。我们的老朋友见我们住这里，都觉得我们一定很势利，他们都不请我们去吃饭了。我的音乐界朋友们也不待见我，因为他们在音乐界艰难生存，收入勉强度日，但我却比他们轻松。这就是现在我们的状况，一个完美的家庭，却没有朋友，完全靠爸妈生活，在音乐事业里累死累活，这份事业却不够我们生存，连以前那个小房子，我自己都供不起。我和我妻子一直都在争论这个事情，她觉得这是我的错！"

丹尼斯接着说："我和瑞秋现在知道了，虽然我也觉得他们没有恶意，但这种放纵很自私，他们本该控制自己，不让这种情况发生。这一切都不是我们自己的人生，这是他们的人生。我来找你是因为我感觉糟透了，我完了。我不能在商界重头来过，因为我现在有两个孩子。我也不能在其他行业作为新人起航，因为我已经33岁了。我们现在必须得想想什么办法，不然我们可能失去我们拥有的一切。"

丹尼斯和瑞秋现在处于危机之中，但艾弗雷特和温蒂完全不知情。他们仍然是一对骄傲的父母，有几个令人羡慕的孩子。但他们也发现了，瑞秋现在邀请她自己的父母去他们家更频繁了。这是因为瑞秋觉得和自己家里人待在一起，情绪上不会有那么大的波动。他们邀请艾弗雷特和温蒂去家里的时间越来越少了，他们见自己孙女的机会也变少了。丹尼斯和瑞秋见瑞秋的父母明显次数更多，这让艾弗雷特和温蒂开始争执，到底是什么地方出了问题。

娇惯始于依赖共生

艾弗雷特和温蒂能做什么来避免这种状况呢？我们先谈谈依赖共生这种关系吧。依赖共生一词来源于上瘾咨询，[2] 后来这个词的语义扩大了，现在用于描述一种不健康的关系。在关系中，一方过度支持另一方的行为，而受支持方可能有心理问题，或者行为极度不成熟、不负责任，这种支持甚至可能助长酒精、药物依赖或学习成绩差等状况。[3] 依赖共生描绘了现在许多家长和孩子之间的现实关系。

也许你会问，依赖共生有这么不好吗？毕竟人多力量大呀。但依赖共生并不仅仅是你所想的那样，依赖共生和互助是不同的。这么想吧：亲子依赖共生就像是卖海洛因的毒贩给自己的孩子注射海洛因，很快孩子就会上瘾，寻求更多海洛因。父母只要还能控制孩子的生活，就会不断地提供孩子所要求的东西。最终父母会过于介入孩子的生活，而忘记自己过去的生活。如果有机会像先知一样重复自己的人生，谁不愿意呢？最终，灾难便发生了。孩子开始摔跤，失望接踵而至。提供海洛因的父母不得不退回一步，看看自己的孩子然后抱怨道："看看你现在的样子！你太失败了。你这辈子都干了什么？我们什么机会都给你了！"**正是因为什么都给了，**

父母反而让孩子失去了很多，甚至是一无所获。

我们从依赖共生的角度再来看看艾弗雷特、温蒂和丹尼斯的故事。在丹尼斯高中毕业以前，艾弗雷特和温蒂的依赖共生就很明显了。如果他俩知道自己的选择会引向什么样的道路，他们绝不会这么做。以下是他们本该做的、该说的：

当丹尼斯需要实习的时候，他们应该说："丹尼斯，你没法来我们公司实习。其他员工不会平等对待你，也不会把你当实习生。你是我们的儿子，大家都知道。而且，我也不是什么好老板。我也可以让我们的经理来管你，假装他掌握着你的生杀大权，但实际上他只会对你小心翼翼，不敢严格要求你。这样你什么都学不到，也不会了解真正的工作环境。"

当丹尼斯毕业时，他们应该说："丹尼斯，我知道你可以来我们公司工作，我也可以付你薪水让你进入我自己热爱的行业，但也许我这样做，你并不会心存感激。说实话，如果你不是从头为公司打拼的人，会觉得我们的产品挺无聊的。我们的产品对我来说不仅仅是产品那么简单，而是我自己奋斗成功的故事。但很不幸，我的成功故事毕竟是属于我的，而不是你的。作为你的爸爸，我要告诉你一个好消息：你得自己挣生活。去大千世界闯荡吧，找到你自己真正热爱的事业。"

当丹尼斯结婚时，他们应该说："丹尼斯，如果你想追求音乐事业，我们会支持你。但你得知道：音乐行业自有其代价。你的生活方式必须得和你的收入挂钩。我相信瑞秋会理解这一点，她可能需要去工作。当你们有了孩子，我们会很乐意花时间帮忙带孩子，但经济上我们不会支持你，因为这样并不是真正地帮你。作为你的父母，我们向你保证，如果你独立奋斗，你和瑞秋会吃些苦，但最终的成功会是甜蜜的，而且谁也无法夺走这种成功的幸福。如果我们支持你过一种你自己无法负担的奢侈生活，就像把你关在了笼子里，慢慢地你会不再自豪，不再对瑞秋负责任，而且最终你会怨恨我们做父母的让你的生活太轻松，让你失去学习和自立的机会。"

当丹尼斯和瑞秋需要更大的房子时，他们应该说："丹尼斯，我们爱你，所以我们希望你能为自己的生活奋斗。也就是说你现在只能继续住在目前这个房子里，想办法加一两间卧室。但这样你才真正拥有属于你自己的房子，我们不会因为你的房子太大或者太小去批评。不管什么时候，我们远离你的经济生活才是真正对你好。记住，作为孩子的爷爷奶奶，我们情感上绝对会给予她们爱和支持。但作为你的父母，我们知道，我们应该多尽力，少出钱，这样你们一家的感情才能真正牢固。"

和孩子一起打破依赖共生

美国漫画家瓦尔特·凯里（Walt Kelly）说过："我们每个人都有敌人，那就是我们自己。"（We have met the enemy and he is us.）我可以证明这一点。在我自己的经历中，我调查采访了全国许多康复中心，帮客户的孩子找一个好的戒酒场所。但治疗不仅仅需要他们自身努力，父母同样需要学习。

在加州兰乔米拉，有一个世界闻名的黑兹尔顿－贝蒂·福特中心（Hazelton Betty Ford Center），专门治疗酒精及药物上瘾，该项目的重点对象是有依赖共生现象的家庭。伴侣、孩子、姊妹（有时甚至连叔叔、阿姨、舅舅、姨妈这样的亲戚）都要在中心待上一周，参加讲座，学习怎么帮助自己上瘾的亲人。家人在这一周里很少见到接受治疗的人，项目时间是每周一到周六的早上 8 点到晚上 9 点。

依赖共生家庭的父母晚上要参加酒精中毒者自主治疗协会组织的活动。在这个项目里，上瘾者的家人必须严格参加所有流程，不能缺席任何环节。很快他们就会认识到，他们其实也是在接受治疗，就像上瘾的孩子一样。他们在贝蒂·福特中心不能缺席任何安排的事项，项目就是要让这些人明白，某种程度上，他们和上瘾者一样有问题。父母也许没有对酒精或者药物上瘾，但他们执迷于管理、纠正、逮现行、责骂、警告、威胁自己的孩子。

如果父母对上述行为产生依赖共生，会有两个结果。比如说上瘾者的父亲，首先他会失去自己的生活，搁置自己的目标和想法。为了填补这个空洞，他会把上瘾的孩子"拖进来"，开始插手所有事情。

另一个变化就是：这个父亲的干涉会让孩子无法理解和掌控自己的心理问题。孩子会开始依赖爸爸解决自己的问题，甚至帮助自己康复。孩子会无条件接受父亲的批评，因为父亲的失望而羞愧，通过其他方式来逃避羞愧感。这样的情况下，孩子不知道有什么必要努力变好，爸爸会不断以自己的期待来支撑孩子，最终两人都会崩溃、失败。

丹尼斯、温蒂和艾弗雷特的故事就是这样。最终，这样的关系只让丹尼斯变得软弱，和父母产生裂痕，还给父母的关系增添紧张感。

无论如何要记住：孩子的生活不是父母的生活。尽管这听起来很违反直觉，但要允许孩子自己去发现、去犯错，这对孩子自己选择人生道路的决策过程非常重要。父母如果对孩子有"完美"的希望，那么这样的父母很快就会变成不受欢迎的干预者，不仅手把手地指导孩子的每件事，还影响孩子的整个人生方向。

相信我，依赖共生父母是认识不到依赖共生的存在的，这是种很微妙的现象。我们许多人到了中年才会意识到，自己的父母有些专横、控制欲强、自私，这种后知后觉很值得注意。你以为这些特征是父母年纪大了才培养出来的吗？不大可能吧。依赖共生父母会从头到尾都告诉孩子该怎么做，然后孩子就被洗脑，但小孩子是发现不了不对劲的。

　　要和孩子一起打破依赖共生，需要克制自己的第一反应和冲动，问问自己或者其他有经验的父母：如果过度干预，对孩子来说会有什么损失？这个过程需要父母做细致的观察者，放弃一些控制。对小孩子来说，当然要注意他们的人身安全，但在其他方面，**如果不知道是否该干预，先观察，不要贸然干预。**

孩子需要懂分寸的家长

如果在和孩子的关系中发现了依赖共生的迹象，该怎么办呢？打破依赖共生，需要父母主导。父母首先要认识到，孩子不需要你成为他最好的朋友，更不需要你当他的救星。你的孩子需要一个健康的家长、独立的家长、懂分寸的家长、有经验的家长、比他们自己更理解他们的家长、懂得教育孩子认识到行为后果的家长。你比任何人都更了解自己的孩子。正确的教育方法就像驯服一匹野马，谁愿意做这么费劲的事情呢？这个过程很难完全控制，有时甚至会伤人，但最终是值得的，也会比你想的快很多。

如果发现自己和孩子的关系属于依赖共生，一定要回到正常的、积极向上的方向和目的上。专注于自己的梦想，而不是孩子的梦想。时不时度个假，离开孩子。找寻自己的快乐、安宁、满足，然后才能元气十足地、客观地帮助自己的孩子。

你是否觉得很难改变自己长久的行为模式呢？一直以来都在不断给予，或者一直都在为孩子排除障碍？也许你应该寻求专业帮助，找个专长于依赖共生家庭的治疗师，告诉专业人士你的依赖共生状况，并表达自己改变的意愿，向其寻求建议。物质滥用和父母依赖共生有一些相似之处，如果你养的是别人的孩子，会和养育自己的孩子有什么区别呢？好好想想这个问题。

想保护自己的孩子很正常，每个人都会这么做。但保护孩子的时候，我们也是在剥夺他们学习的机会。我们夺走了他们自己克服困难时所收获的力量和信心。有时需要对孩子狠下心。我们要让自己的孩子通过他们自己的人生武装自己，这样他们才有能力独自面对人生。你是否告诉过自己处于青少年阶段的孩子，自己有一天会离开？告诉过他们，他们有一天需要独自应对，因为你不可能总在他们身边？告诉他们这些事实吧。父母和孩子都需要认清这样的现实。

第三章
孩子不是替你完成梦想的工具

很多人不理解，养育子女不代表父母拥有特权。监护权当然有，但那并不是所有权。孩子是住在你屋里的客人，而且不是终身客人！

现在很多年轻父母事业进展很快，仔细听我说，尤其是搞产品设计的，其实做父母最难的事情就是要舍弃自己的占有欲，不要从孩子身上寻找乐趣。

孩子不是一个产品或者项目，也不是一个拿来炫耀的物件。看看身边的人你会发现，很多人把孩子当成自己的东西，像一辆车或者一幢房子一样。很多人觉得自己可以随便处置自己的"财产"，他们也完全把自己设计的模子套到孩子身上。有的孩子成功了，有的孩子却完全抗拒。但不管哪种结果，亲子关系都被破坏了。

不要通过孩子来完成自己未实现的梦想

父母能做的最自私的事情就是时时刻刻带着自恋的心情养育孩子。大多数自恋的父母自己是认识不到的，但这在旁人看来却往往很明显。要检查自己是否自恋，可以看看自己对孩子的期待，问自己：这究竟是孩子想做的还是我想做的？如果你的孩子喜欢运动，而你总是无情打击，而不是鼓励自己的孩子，那你实际上忽略了孩子的期待，只在乎自己的。这种人往往让孩子和伴侣觉得难堪，也让那些真心支持孩子的父母感到不可理喻。如果你的孩子完成了某件事，而你的回答是："你本可以做得更好的！"那你的期待已经很过分了。父母有自己的生活，自己的成功与失败。孩子也需要有自己的生活、成功与失败，而父母就是他们独立的唯一阻碍。现在请坐下来好好想一想。

有的父母的期待甚至还不仅限于孩子读书或者运动上的表现。这些父母将孩子视为自己的延伸，好似孩子的存在就是为了实现他们无法完成的事情。

卡蒂亚（Katya）的故事正是一个例子。卡蒂亚是一个乌克兰移民，她的老公叫安德烈（Andre），在加州约巴林达当胸外科医生。塔拉（Tara）

是他们的女儿。卡蒂亚对塔拉很严格，她要求塔拉的学习成绩一定要很出色。塔拉读小学时，卡蒂亚就给她请了私人老师，每周上 3 天课，这对小学生来说很少见，何况塔拉已经是班上成绩最好的孩子了。但塔拉不仅要成绩好，卡蒂亚还要求塔拉打网球，而且光是打得不错还不够，她希望塔拉达到很高的水准，她想要女儿成为最好的。鲍里斯（Boris）是一个退役的职业网球选手，卡蒂亚雇他来训练塔拉。课程安排得很满，只要塔拉有空就训练。卡蒂亚毫不吝惜费用。

卡蒂亚在俄罗斯也打过网球，而且曾是一名冉冉升起的网球新星。但她的家庭太穷，无法支持她的网球生涯。她一直独自打拼，打到全国级别后，依靠天赋不足以实现她的梦想。她的梦想破灭了，没能进入国际级别。

但她的女儿几乎每场都赢，哪怕在接受职业训练以前也没输过，和比她年龄大的选手比赛也能赢，这对塔拉来说很容易。新教练看到塔拉打球后，也指望这个潜力客户给他带来名声。卡蒂亚不允许塔拉为任何事情影响自己的学习和网球训练。这简直完美，卡蒂亚的梦想就是名牌大学的奖学金。

塔拉 18 岁时，想有个车开，卡蒂亚把家里开了两年的路虎给她了，自己买了个新车。塔拉想买衣服或者想和朋友出去旅行的话，只需要跟卡蒂亚说一声就行了。但如果塔拉说打排球很有意思，卡蒂亚则会表示不屑一顾，她认为除了网球以外的运动都毫无前途。渐渐地，只要是卡蒂亚不大可能认可的东西，塔拉问都不会问。

塔拉打网球的认真劲不那么强，这让教练和卡蒂亚都很火大。如果塔拉的人生是一辆列车，那列车的班次就是鲍里斯安排的，而卡蒂亚是列车长，塔拉则只是自己人生列车的一个乘客而已。

塔拉上初中时，学校要求上美术课。她尝试了画油画，虽然画得不是最好的，但她很享受自己选题，用色彩表达自己的感情。她想画得更好，她的美术老师鼓励她，几个月后画艺有了长进。有一天塔拉把自己的作品带回家，当卡蒂亚看到以后，她大吼道："你没有时间搞这些！"卡蒂亚把那幅未完成的画从画架上扯下来，扔到房间外面去了，塔拉觉得这简直是对她的惩罚。这是塔拉第一次真正认真钻研的才能，她通过自己努力取得了进步，而且觉得很骄傲。但现在她感到沮丧，而且也很生气。

这就是青少年和父母之间的战争，主要是塔拉和妈妈之间。后来塔拉拿了斯坦福的网球奖学金，去读大学了。在这之前，母女两人基本上都处于不和的状态。后来没过多久，塔拉在全国大学生网球比赛上拿了全国第三，她的学业不得不排在网球后面。她的人生开始变得像个训练营，她成了球拍的奴隶。职业网球带来荣誉、金钱、名声，但打网球究竟为了谁？

塔拉憎恨这种压力，她不知道要不要和母亲联系。卡蒂亚给她打电话，她一般接了电话以后直接把电话放沙发上，然后走开几分钟，回来的时候发现卡蒂亚还在说，塔拉就会回话："妈妈，我要去上课了。"卡蒂亚会觉得学习要紧，马上停止。其实塔拉并不是真的要去上课。

塔拉第一年就选了专业，她选的是艺术史。一直管得很宽的卡蒂亚在期中的时候竟然不知道塔拉在学校学的是什么。但要说到网球，卡蒂亚就门儿清了，她记得塔拉整个赛季的安排，每当比赛接近就会上网搜集对手的信息。

有时塔拉要出国打比赛，有机会逛博物馆。比起提升排名和战胜全世界的二号种子选手，她更热衷于餐馆、罗浮宫和乌菲齐美术馆。她可以穿着网球服在一幅名画面前坐上一个小时，比如雷诺阿的《海边落日》（*Sunset at Sea*），在脑海中想象画中的场景。有时她看得入迷，还会留下泪水。

她的生活陷入矛盾：她热爱艺术史，她为自己的事业感到痛苦，她背负母亲的梦，她的未来一点也不明确。塔拉放弃了艺术梦想和其他兴趣。她不相信自己能自由地过自己想要的生活。

有一次，塔拉坐在罗浮宫看《蒙娜丽莎》，她好像认识画中的脸庞，虽然画中人已离开了几个世纪。她知道别人想要自己成为什么样子，但在达·芬奇面前，她又开始好好为自己思考，她并不快乐。她不悲伤，但却空虚。《蒙娜丽莎》旁的守卫以为塔拉因杰作震撼而哭泣，但塔拉是为自己哭泣，她觉得自己心死了。她钟爱的艺术终于让她想明白了，这么多年了，还是艺术让她冷静、耐心，为她指引方向。在奥运选拔赛上，塔拉几乎锁定奥运队名额，但就在无比骄傲的教练即将介绍她出场时，她退出了。

塔拉宣布自己的决定后，卡蒂亚崩溃了。爸爸倒是很支持，他对所有一切都不太知情。斯坦福愿意保留她的奖学金，让她完成艺术史学位的课程。塔拉的生活离开了网球，这既可怕又令人兴奋。这是全新的感受，她就像一个婴儿一样，体验着各种新事物。她和妈妈几乎两年没有联系，卡蒂亚很生气，她的生活又被毁掉了！

塔拉的爸爸时不时会给塔拉打电话，他很支持塔拉。塔拉永远记得她爸爸说过的一句话："如果你像我喜欢医学一样爱艺术，就加油去学吧，这样才能让你快乐。"塔拉的确很快乐。

沉默很久之后，卡蒂亚联系了塔拉。她们说好以后再也不谈塔拉的艺术生涯，母女关系勉强修复了。卡蒂亚从没有道歉，毕竟她以为自己做的就是为了塔拉好。

幸好塔拉有能力找到自己生活的方向，她想为自己生活，放弃了奴役自己的生活，那种生活只是鞭挞她完成妈妈未完成的梦想。塔拉享受作为艺术家的努力奋斗，艺术让她重生，不断给予她挑战，给予她只有她自己了解的需求。对她进步的一句小小夸奖胜过 100 场网球比赛的胜利。

她找到了自己的热情，她很开心。每对父母不都希望自己的孩子这样吗？

卡蒂亚觉得自己对女儿的期待才是最重要的，这多么自私啊！她的自私几乎毁了母女间的关系。

卡蒂亚花了这么大功夫才明白，养育孩子就像骑公牛，越凶狠越会被甩下来。

相反，如果带着放松的心情和耐心，就能真正掌握个中奥秘。有时只需要摔倒几次，挫挫锐气，反而能发现其中的道理。只要坚持，公牛就会开始尊重你，它能看出人心里的秘密。如果被甩下来了，拍拍身上的土，重新上阵。要记住：骑牛不是要伤害牛。虽然不是所有孩子都像公牛一样强力又倔强，但每个孩子心中总有一头公牛。让公牛发出自己的声音，帮助孩子将不和谐的声音转换成他们自己喜爱的美妙音乐。

养育里不要掺杂自私

不是所有父母都像卡蒂亚一样，不过实话说，咱们大多数人当好父母的想法里还是掺杂着自私的。养育一个"好孩子"是家长标榜自己的标准之一，如果成功，我们的心情就会非常舒畅。我们努力做着好父母，但更多时候是为了自己的想法，而不是孩子的梦想。

要怎么控制自己呢？

首先，要学会区分你对孩子的期待和孩子自己想要什么。然后把重点放在孩子的想法上，而不是自己的，要学会发现孩子自己的愿望。

第二，要由孩子自己去探索，让孩子有犯错的自由，这对孩子的发展很重要。不要忘了，你自己也是在现实中磕磕绊绊长大的。

第三，拿不定主意的时候，先不要贸然插手孩子的事，先观望一下。不要事事去控制，让孩子走出自己的路。

第四，要认识到成熟的过程就是拥有选择的自由，而不是让别人来做选择。如果希望自己的孩子成熟起来，就要给孩子一定的自由，让他们自己做出选择。

第五，帮助孩子发现自己的独特之处，这一点是最重要的。所有孩子都有自己积极、独特的地方。仔细观察孩子的特质、热情、兴趣，发现他们隐藏的心声。要鼓励孩子身上自发的气质和才能，并鼓励他们对这样的气质和才能进行发展。如果孩子的独特之处并不被大多数人所包容、欣赏，要记得告诉孩子，足球踢得不好或者成绩欠佳，都只是人的一方面而已，每个人都是独特的。

最后，父母自己也要成熟，要发挥创造力来鼓励自己的孩子，鼓励他们做最好的自己。

让孩子释放他们生来的独特天性

凯莉·米利特（Kelly Millet）生于纽约格林尼治的一个显赫人家，她和兄弟姐妹们从小就住在一个很大的家里，住5家人都够。家里的草坪很大，割草工作需要几个熟练的园丁花一整天时间才能完成。

米利特家是一个华尔街家庭。凯莉的爸爸是高盛的高级投资银行家，米利特一家在80年代年收入就达到了几百万美元。凯莉的母亲是个漂亮的全职妈妈，几乎每个重要的社区组织都有她的身影。她有点执着于"完美的家庭"图景，儿子出生时耳朵角有一些小问题，她就颇为担心，但她知道儿子大一点之后，整形手术可以解决这个问题。

在养育孩子们的时候，他们不遗余力。孩子们读的是私立学校，他们的妈妈在他们就读前6年就排上号了，为了保留就读名额，每年都给学校捐赠5000美元，不过这跟每年18000美元的学费相比只是小巫见大巫。90年代这个数目比现在大得多，而且还只是个幼儿园。

当然啦，米利特一家享有学校的10个"特留"车位，为了这个车位，米利特先生每年在年度慈善拍卖会上都慷慨掏出15000美元来支持学校的运动项目。这笔钱不仅得到一个车位的回报，还给一家人带来名声和地位。

为此，让米利特先生付 25000 美元，恐怕他也是愿意的。

凯莉读书很在行，但她也有狂野的一面。她姐姐更像妈妈，姐妹一起获得了国家援助联盟（National Assistance League）的大多数奖项，这让米利特一家多了许多抛头露面的机会。凯莉尤为引人注意。她很漂亮，羡煞旁人，眼睛像海水一样蓝而清澈，每个镇上的人都觉得她一定很完美。但其实凯莉的内心很煎熬，每次只要让妈妈有一点点不满意，她就会觉得很内疚。但没人能看到她的内在，凯莉知道，对妈妈来说，看起来完美才是最重要的。

凯莉 14 岁的时候，喜欢在家里的酒柜前独自享受清净。她烦躁的时候也不能发出噪声，她就会喝点伏特加来熄灭心中的自我。整个高中，她都在喝酒，她是买得起的。

谁都没有发觉。但在她青少年时期，她家里人注意到她身上多了几个漂亮的文身。这倒确实让他们感到难堪。

尽管对酒精上瘾，凯莉还是去读大学了。在大学的第二年，凯莉遇到一个研究生威廉（Willian），威廉在高盛实习，是凯莉完美的丈夫人选。交往了几个月后，凯莉怀孕了，她家里人很害怕，这怎么可能呢？镇上的人和亲戚会怎么想？

凯莉和威廉结了婚，凯莉读完了大学，在华尔街的公司短暂工作了一段时间就辞职了，当了全职妈妈。她相信自己可以让新的家庭生活比她个人的生活更加真实。但威廉是个很传统的人，他的成长环境和凯莉很像。很快凯莉觉得自己又被关进了同一个盒子里，就像她妈妈套在她身上的盒子一样。

凯莉又怀孕了，看起来她能应付二胎的压力。但孩子出生以后，她又开始喝伏特加，晚上需要吃安眠药才能入眠。

整整三年，她耳边都充斥着妈妈、姐姐和弟弟的抱怨，他们警告她这样的生活不对劲。但凯莉根本就没有什么生活，她完全失控了。

在世界顶尖的康复中心待了三次以及两次复发之后，凯莉带着两个孩子离开了纽约，和威廉离了婚。她要逃跑。威廉应该承担照顾孩子的责任，但他把工作看得更重。凯莉来到加州，在一个中档康复中心找了个工作。工作内容是将中心的设施及项目特点介绍给未来的潜在客户。

她妈妈一直在给她打电话，想让凯莉感到内疚，以此来控制她。妈妈一直提醒凯莉，说凯莉是在毁掉自己的生活，她的孩子长大后也会重复凯莉的悲剧，因为凯莉自己没有起好母亲的示范作用。凯莉妈妈的行为简直是在摧残凯莉，十分恶毒，让凯莉对自己的看法进一步恶化。

凯莉觉得和妈妈联系实在是太痛苦了，后来她妈妈再打电话来，她说自己一周只能接妈妈一次电话，只要妈妈再说任何负面的、打击人的话，她会直接挂掉。这个声明之后，事情开始有了好转。

其实凯莉从小就知道，爸爸妈妈的人生道路不适合她自己。起初，她觉得自己可以走自己的路，但每当有些小挫折，她就开始依赖酒精，毁掉自己本就厌恶的生活。

但她慢慢通过电话设置了一些界线以后，她感到事情终于有了缓解。再也没人来告诉她，在别人的标准里她是一个失败者。她想要过自己的人生。带着一个 4 岁一个 2 岁的孩子，住在一个一居室的房子，她反而感到自己终于掌握了自己的命运。看起来光鲜与否不重要，这是她自己的人生，这就够了。

几个月后，经济情况开始变得严峻，而且她又怀孕了。她生下来第三个孩子，这个孩子的出生让她充满了力量。这是她自己的人生调整，她勇于接受，她能感受到自己内在的力量。

但未来怎么办呢？凯莉一直在拒绝家里人提供的经济支持。凯莉得独自面对这条道路，这很重要，这在塑造着她自己，她能感到一切都在变好。她没钱让孩子们在生日的时候骑马，没钱请小丑、请很多朋友来家里。她们会在生日的时候，约上几个邻居朋友一起去公园。凯莉喜欢真实，这一切都很真实，而且新鲜。

凯莉非常乐于帮助其他有上瘾问题的人，她能在很多层面上理解他们。也就是那时起，她开始审视自己的人生，她很快发现镜子里的自己是多么像她的妈妈，不过没妈妈那么完美。她在镜子里看到的是真实，她的人生开始稳定起来，她正在体验丰富的生活经历。当她初次见到别人时，她会如实说："我身上有文身，还是个正在康复的酒精上瘾者。不过现在情况好多啦！"

看！凯莉是多么坦诚呀。这是她的礼物，坦诚再也不是一个威胁了，还能助她越过他人设置的障碍。而过去的她从不吐露自己的内心。初见凯莉的人很快就能认识到真正的她，他们也会很快展现真正的自己。见到她的人都有所收获，她帮助他们认清自己。

这个故事就说到这里，这是个好故事。但生命的春风仍在吹拂，挑战和机会永远都会出现。**如果孩子能了解自己的天性，独立认识到自己与他人的区别，他们会选择最适合自己的机会，也能够在逆境中生存下来。**凯莉跨出人生中最重要的一步以后，她的姐姐打电话给她向她寻求建议。凯莉的姐姐生活不快乐，她需要找到方向。后来凯莉的妈妈给凯莉打电话，说凯莉现在过的是自由的生活，这种生活正是她一直向往的。听到这里，凯莉挂掉电话开始哭泣。妈妈说凯莉是家里的基石，她是一个探索者，她真正了解了这个大千世界真实的一面。

凯莉后来会在圣诞节去爸爸妈妈家里，连镇上的人都对真实的凯莉刮目相看。许多人甚至很嫉妒，他们找自我安慰说，也许是加州这个地方很神奇吧，能催人改变，加州可是个自由派大本营，有阳光、好莱坞，还有很多不负责任的人，可能就是这种环境才让凯莉认清了自己。

威廉也有自己的看法，他发现自己爱的正是凯莉的不妥协，凯莉比自己更坚强，他很敬佩这一点。威廉搬去了加州，和凯莉又相处了一年之后，搬去与凯莉和三个孩子一起住。两年之后，他们复婚了，生了第四个孩子。这简直是新生活的锦上添花。

这个故事告诉我们什么呢？凯莉的父母给了她很多她并不需要的物质财富，却没有给她足够的爱和浇灌，而这才是她真正需要的。如果光鲜的外表才最重要，孩子就只能是支持这种外表的工具，而不能真正被爱，不能释放他们生来的独特天性。这样的副作用是毁灭性的，像凯莉一样的人能够坚强地治愈自己，获得重生，但许多人却做不到。

苦尽甘来

有的孩子有先天的生理或智力缺陷，这些孩子的父母早早明白自己孩子的人生不会和自己之前设想的一样。比如，得知自己的孩子有唐氏综合征，对父母来说是可怕、悲痛的。父母的心情如同从悬崖上坠下，而这个悬崖的高度就是他们此前的期待，但现在他们无法拥有一个"正常"的孩子了，他们也没法过上自己所设想的正常生活，他们的孩子没法和其他"正常"孩子一起玩耍，也无法和他们一样拥有一个"正常"的家庭。

我想，这类父母可能会在最初的时候有这样的想法：我有那么多的希望、梦想、期待、快乐寄托在这个孩子身上，但现在看来，他实现不了我的任何梦想和要求。但有的人却能振作起来继续向前，他们会反弹、思考、规划、安排，并积极地学习适应如何养育一个不一样的孩子。这些努力适应的家庭，开始感受到不同的期待，开始接受他们的孩子所拥有的可能性，这是很棒的结果。在学习如何养育自己的孩子时，这些家长学会了调整自己的期待。最终，他们能感受到孩子的快乐与成功，享受生活中的小小快乐。许多类似的家庭都会说，虽然过程很苦，但回馈很令人满意。

让孩子书写自己的故事

对有的父母来说，主要问题不在于他们想通过孩子来完成自己未实现的梦想，而是他们无法容忍任何他们自己认为"不正常"或者"不好"的性格特点或者其他方面。简单地说，这样的父母需要孩子服从自己。

有的父母牢牢拴住本来颇有灵气的孩子，而当孩子有力量面对自己的内心、获得成功以后，这些家长又把功劳归到自己头上，这种事情很让人火大。在我的工作中，这样的经历常常出现。

我来聊聊一个我很敬佩的年轻人，我们就叫他凯尔（Kyle）吧。这个年轻人绝对是忠于自己内心的。

和其他兄弟姐妹一样，凯尔早早地就显示出来运动天分。在高中时，他既打篮球又打橄榄球，两项运动都进了县里的全明星队。他是公认的高中生明星运动员。

他的学习成绩也不错。任何父母都会为这种孩子感到骄傲，不是吗？但凯尔同样也是个很叛逆的孩子，而且爱说大话。他的爸爸对他很生气。

我记得有一次去他们家里，我走近大门的时候，11 岁的凯尔从厨房里飞奔向楼上的休息室。很明显父子俩刚吵了一架，但我没看见爸爸在哪里。

后来凯尔想看电视，就趴在沙发上看电视。

"又怎么了？"我一边走进厨房一边问。

我能看见他爸爸气得满脸通红，凯尔又做了什么事情让他心烦意乱。他经常跟我说凯尔有多难养，需要时常管教，还说自己对凯尔很多不敬的行为很失望。其实这个家里平日的气氛总体还是很轻松的，但凯尔常让气氛变糟。不过他们能怎么样呢？总不能把 11 岁的凯尔送部队去当兵吧。

但我眼里的凯尔是一个聪明的、不寻常的年轻人，他有自己评判世界的标准。也许养育凯尔不是件轻松的事，但野马就是难以驯服的。虽然野马不愿接受马鞍，但野马是多么美丽呀。

让家里人更加头疼的是，凯尔在学校同样让老师难办。初中时，凯尔直言不讳地告诉老师们，自己觉得他们的教学效率不高。那时的凯尔是个即将进入青春期的孩子，他当着其他同学的面直接挑战了老师们的权威。但这不是特别恶劣的事情，如果他觉得老师们的教学方法效率不高，课前准备不够，他就会主动说出自己的看法。他诚实得有些无情。

他的意见常常是一针见血的，但谁都不喜欢他的意见。父母希望他默默忍受、闭上嘴巴、老师说什么就做什么、考好分数、尽量低调。老师们也抱怨凯尔不懂"尊重师长"。校长也好几次因为他有话直说而停了他的课。有一次他还被给了留校察看处分，差点被开除。

他爸妈当然是气坏了。他们无法理解凯尔为什么就是不能学会保留他自己的看法。但凯尔天生就不是如此的，他不愿假装自己没有看到清清楚楚的事实，也不愿真相被掩埋，他几乎有种"直率强迫症"。只要凯尔觉得有必要时，老师、学校行政人员、父母、朋友，几乎都面对过他的挑战。

他是那种能透过现象看本质的人，大多数人无法把握这真相。

凯尔也从不会让人欺负自己。不管对方比他壮多少，凯尔都不会示弱。他的力量比看起来大很多。慢慢地，周围的同龄人也不再惹他。

凯尔长成青少年时，他的身高长到了2米，而且肌肉强劲，成了个大块头。在橄榄球场上，他只需要4.4秒就能跑40码[1]。他在篮球和橄榄球两项上表现优异，斯坦福为他提供了4年全额奖学金。

进入大学后，凯尔仍然没变。他获得学士学位后开始攻读硕士。斯坦福的辅导老师建议，如果要参与橄榄球队的话，最好还是不要读硕士，但他还是照自己的想法做了。最后他获得了两个硕士学位。这样充满能量的孩子，谁不佩服呢？

斯坦福毕业以后，凯尔到NFL（美国职业橄榄球大联盟）打了一段时间橄榄球，但因为伤病，他的橄榄球生涯很快就结束了。但我觉得，他的人生才刚刚开始。他是一个由自己的热情所引导的人，坚信自己能完成任何自己想做的事。他爸爸现在也许不能、也不会再吼着让自己的儿子老老实实待在沙发上了。这样的人生是他的父母所没有想到的，但这是多了不起的人生故事呀！现在凯尔的父母一定为他感到骄傲！

有一个像凯尔这样的孩子，会很考验父母的耐心。面对这样的孩子，一定是要有耐心的。尽可能地宽容孩子的行为，让他自己去体会事情的后果和行为的反作用。别人对他们的回应可能会使他们收敛自己的行为，也可能使他们更加坚定自己的想法。比起驯良的羔羊，我宁可选择不羁的野马。

---

[1] 译者注：约36.576米。

虽然出于一片好心，但我们却常常阻碍了孩子书写自己的故事。所以，如果你的女儿不想去文科学校读书，而想当一个美容师，这是没有错的。如果一个孩子拿了橄榄球奖学金去斯坦福大学算是成功的话，当美容师为什么不是成功呢？这个世界有很多医生、律师、销售员、店员、机修工、文身师，少了哪个职业都不完整。

养育子女是件很特殊的事。正确的教育应该是适当地管教孩子，同时认识到过程比结果更重要。父母不应该操心孩子攀登的是哪座山峰，只需要去关心他们正在攀爬、摔倒、重振信心、再次攀爬。有的父母为孩子指定某座山峰，还要求孩子全程按照他们的方式攀爬，这完全就是专横。

有些像凯尔一样的孩子，有足够的内在力量顶住这样的压力。但许多孩子无法做到。

出生顺序

出生顺序和娇惯有关系吗？往往最大的孩子是最难管的。这个孩子比起弟弟妹妹会更我行我素。如果几个孩子中有人被逮捕、进监狱、离婚、一事无成，通常都是年纪最大的孩子。为什么？因为初次为人父母都是缺乏经验的。

没有经验的父母就像查克·耶格尔（Chuck Yeager）一样，他是NASA牵头的X-15（史上的第一个超音速火箭）的测试飞行员。我们必须要系紧安全带，在一个完全陌生的情况里把自己浅薄的知识全部用上，而且还是乘坐一个从未测试过的飞行器，祈求上帝不要出事故。但事故又往往是难免的。

许多管教行为都会过度。父母在养育第一个孩子时，总想把自己的童年经验强加到孩子身上，就像在参加一场竞赛一样，慌慌忙忙浇灌自己的孩子尽快成熟起来。如果孩子能承受每小时 50 千米的速度，父母就会马上把速度加到每小时 60 千米。如果孩子能上公路了，父母就会急着让孩子上高速。如果人生永远是一条直线，这样也许可行，但人生永远不是直线一条。

接着第二个孩子出生了，他看到第一个孩子是如何被教育的。通过观察第一个孩子获得成功或者受惩罚，第二个孩子接受了很多间接训练，学会绕开障碍来实现自己的愿望。如果老大捅了娄子，家里就会产生冲突、争吵，老大就会受到严格的管束，而老二观察后就会避免这类情况的发生。有的孩子能偷偷文身不被发现，能考个好成绩得到父母的表扬，说不定还能得到一辆新车作为奖励。做到这些事情并不需要天才的头脑。

如果第一个孩子很成功，很多父母会把经验用到第二个孩子身上，希望得到相同的效果。这样做不太明智，这是个充满错误判断的赌博。第二个孩子同样需要父母的关注，可能需求还更大。养育不同的孩子是不同的挑战，需要不同的方法。

父母需要注意，不要倦怠、不要偷懒。不要只让孩子和哥哥、姐姐一样，明智的父母应该鼓励孩子走不一样的道路。这不是说让孩子涉及堕落行为，只是说要让他找到自己的人生方向。第二个孩子会尊重父母这样的方法。如果第一个孩子成了当地的副检察官，第二个孩子完全可能成为一名知名餐厅的主厨。第一个孩子可能觉得第二个孩子"一切都来得太容易"，第一个孩子也能本能地感觉到自己也获得了某些优势。第一个孩子往往在自己为人父母以后，会颇有一套养育子女的方法。

如果这个家庭还有孩子出生，家里就会出现"最小的孩子"。这时的父母早已开启了"自动驾驶"，他们已经太累了，不希望孩子在家里老是折腾、大哭。这个孩子知道什么时候让他们清净：当他得到自己想要的东西时。有人说，这个孩子的这些技巧都来自观察。从情绪上来说，最小的孩子往往是最快乐的，但也是最缺乏动力的。这样的孩子很擅长和别人相处，但一旦他们想得到什么不一样的东西，就会开始制造麻烦。得到自己想要的东西之后，他们又会恢复到很好相处的模式。而且父母总觉得自己对大点的孩子太严厉，希望在最小的孩子身上弥补这个缺憾。这种接近愧疚的补偿会宠坏这个孩子。这种情况很难去怪罪处于这个人生阶段的父母，不过良药苦口，对待孩子应一视同仁，他们理应受到这样的对待。这是父母应该给予孩子的。

Entitlemania

第二部分

父母该做什么

第四章
教会孩子延迟满足 [1]

为什么年轻人都急于得到结果，追求即时满足呢？为什么年轻人很容易产生沮丧感呢？好像年轻人都在寻找人生的电梯，不愿意慢慢走楼梯。没错，科技让社会生活产生了变化，现在我们能够即时地获取很多信息。所以年轻人哪怕在做调查的时候，也不习惯慢慢等待结果。

然而，对于全然责备科技的人，我有这样一个问题：当你的孩子有某项不必要的需求时，你能坚持多久不同意呢？你是否属于不懂拒绝的父母？还是说你一直都看不惯从不拒绝的家长？

在许多家庭里，这种有求必应的模式很早就开始了。孩子两三岁的时候可能就已经被宠坏了，这个年龄的孩子刚学会处理来自父母及周围其他人的信息。有求必应的话，孩子就会认为这是世间的正常规律。

虽然不同的成长环境对不同的人有不同的影响，但父母做孩子时的体验

---

[1] 译者注：延迟满足是指一种甘愿为更有价值的长远结果而放弃即时满足的抉择取向，以及在等待期中展示的自我控制能力。它的发展是个体完成各种任务、协调人际关系、成功适应社会的必要条件。

会影响他们给自己的孩子所营造的成长环境。你小时候的一切是否都是自己很努力争取的？或者一切都来得很容易？你的童年如何影响了你对人生的看法？你的伤痛是什么？对于你的成长环境，你最难以释怀的是什么？

你是否是兄弟姐妹中天资最差的一个？你的父母对姐姐是不是比对你更好？你的哥哥是否在运动上表现更强？谁受到爸爸妈妈最多的奖赏？你是不是从小就要努力争取所有东西？你是否嫉妒那些得来全不费工夫的人？你的童年经历是如何影响你对待自己孩子的方法的？

克服自己的童年心结

我的妻子黛比的童年心结来自她那有施虐倾向的父亲和继父。她的家里大多数时候就跟地狱差不多。警察常常半夜接警后到他们家平息家庭纠纷。黛比 8 岁的时候，警车常在凌晨 2 点开到他们家，闪烁着红蓝色的警灯照亮整个街区。她每次都能感受到邻居们不安地望向他们家，她爸爸常戴着手铐从家里被带走。然而街区的其他人家里看起来都很正常、很快乐。

黛比 14 岁时想参加学校的啦啦队，但她又得在当地百货商店的餐厅里打工，帮她的单亲母亲解决生活开支，所以她不得不放弃了这个想法。她 16 岁时，她那辆二手车的变速器从车子里掉出来了，她不得不贷了人生中第一笔款修车。贷款要两周才能办下来，在拿到贷款修好车以前，她只能骑车或者走路去学校。

她了解奋斗的价值，所以她也从不给我们的孩子创造捷径。但每当她看见我对孩子的态度过于坚决时，她就会回想起她父亲的蛮横，回忆起当年的痛苦。所以她往往站在孩子那边，缓和我的态度。

有的时候，负面的个人回忆也会导致父母过分容忍，对孩子的一切心血来潮都一贯妥协。也有些父母会因为自己相同的童年经历，在孩子大哭时也不会有所动摇，让孩子自己哭到睡着。黛比在童年时就有许多这样的经历。

这样的行为选择模式很早就开始显现了。如果选择更容易的做法，总是安慰满足自己的孩子，父母总会在日后付出代价。父母也可以选择一开始就不嫌麻烦，抓住每一个宝贵的教育孩子的机会，告诉孩子，现在的捷径就是今后的死胡同。总之，现在的轻松就是逃避人生的真谛。捷径走得越久，今后回到正轨花的时间越长。如果在孩子进入青春期时，这样的错误道路还没有被纠正过来，以后要走回正路就困难重重了。

教育孩子忍受沮丧、延迟满足的过程需要付出很多努力，直至修成正果，也就是孩子懂得自己去努力争取。实话说吧，这个过程很累人。如果在孩子小的时候一味向其妥协，到了孩子大些的时候，坚固的习惯早已养成。父母在早期懒惰，后面就会面临巨大的失望。随着时间流逝，父母的精力也越来越难以招架，在孩子感到失望时要拒绝孩子越来越难。除了孩子，家长需要付出很多心血。

学会享受教养过程

那么要怎么才能让孩子明白，不是想要什么就能马上得到什么呢？前面我们已经谈到拒绝孩子的重要性，以及在恰当的时间告诉孩子自己如此做的原因。父母能做的事就是先端正自己的行为。

自律必须从父母自己开始。如何判断自己做得如何呢？你有信用卡要还吗？你有车贷吗？信用卡和分期还款就是一种即时满足。如果能够每个月付一点，5年付清，为什么要等这么久呢？可是，如果自己都没有约束力，要怎么指望孩子学会克制呢？

最好的办法就是学会舍弃，这需要培养。该怎么培养呢？选择一个你很想要但是买不起的东西，然后忍住不要买！不要去逃避自己想拥有这东西的欲望，甚至要随时谈及这个东西："我很想买一套全新的有加固技术的合金高尔夫球，但我一定要忍住不买！"大家都会觉得你疯了。但要坚持把这样的话说给你的孩子、朋友听。不要轻易放弃，慢慢你会发现自己其实并没有那么想要那件东西，或者你并不真正需要那件东西。这样就能慢慢满足于自己已经拥有的东西。或者说忍一年再去买那套高尔夫球杆，到时候就已经有更新款的上市了。这样的行为模式就是很好的自我克制方法。

菲利普（Phillip）是我很喜欢的一个年轻客户，他很富有。他曾告诉我他要买一艘游艇。但他已经在好几个州有房产了，还在科罗拉多有一个农场，在土耳其和凯科斯群岛有海滨别墅。有天早上他醒来，突然觉得有一艘游艇一定很有意思。虽然普通人的一时兴起不会那么昂贵，但每个人都会有这种心血来潮的时候。也许某一天我们突然想买个新的烤架，虽然旧的还能用，但现在新的烤架正在打折，只要 500 美元，而且还有 LED 灯可以观察烤制中的肉。我自己的烤肉架是没那么高级的。

我想了想之后问他："为什么不试试'不要一艘游艇'呢？"

他用诧异的眼神望着我说："那有什么意思？如果我想去很远的小岛玩，总不能什么都没有吧？"

但我可没跟他说笑。

他很快看着我说："好吧，跟我说说你梦想的东西，你特别想做的事情或者特别想要的东西是什么？"

我很快就给了他答案，因为有个东西我垂涎已久了。我说："你那辆黑色的法拉利在你的车库停了很久了，你从来没开过。我很想把那辆车的敞篷打开，让我的妻子坐到副驾上，沿着太平洋公路从南加利福尼亚一直开到蒙特雷！我都能闻到海水的味道了，"我一边说一边深呼吸，"我能听见挂三挡的车子引擎隆隆作响。"他什么都没说，往他那 8 个车位的车库走去，回来时手里拿着那辆法拉利的钥匙。

他把钥匙放进我手里说："拿着！拿去开一个月。反正我都不开。有人开对车子也好些。"

我抓起他的手，把钥匙放到他手上。

"谢谢你……但我不能拿。"

他这样的亿万富翁是不会接受我的拒绝的。

"那我就让卡车把这辆法拉利拖到你家门口放下。你别跟我争了！"

我小心地回答道："那我就把它再运回你家。"

他很不爽地摇着头，问我："你干吗要这样？你是不是有问题？这是个礼物你不懂吗？"

我没有迟疑地回答他："我陪你买这车的那天以来的这 14 个月，每天都想着能开一次这辆车就好了。每次有别的法拉利从我身边开过去，我都会想，真正坐上去是什么感受呀？我仿佛能听见引擎的声音就在耳边轰鸣。"我闭着眼睛，仿佛车子就停在我的身旁。"现在你让我梦想成真，过一段时间再拿回去，我的梦想就成了回忆。我不能失去这么好的梦想。"

这下他可真生气了。"我让你为我保管几亿美元的财富，但你竟然是个这么古怪的人！"

这是我和菲利普之间的一个小插曲。那自我克制和帮助孩子学会延迟满足之间有什么关系呢？

渴望一个东西有时比真正拥有更美好。如果你能教会自己这个道理，明白旅途比目的地更动人，你就学会了人生中最重要的一课，而不用言语，你的孩子也能从你身上学到这一点。教育孩子不要把渴望和需求相混淆。如果你帮助孩子学会享受旅途，推迟到达目的地的时间，你的孩子会在人生路上时时刻刻懂得满足。有时对"成功"的主流定义会扭曲快乐的含义，我们会被售卖商品的广告所蒙蔽。满足是一个需要头脑清醒才能实现的自我评估。**减少自己的需求是人能获得的最大收获。**

以身作则

　　教育中最重要的就是沟通和可信度。成功的教育既需要准确的信息，又需要适当的信息传递方式。这就好像枪和子弹，二者缺一不可。也许你的道理是正确的，但也许因为你的表达方式不恰当，无法让孩子接受你的道理。

　　传递信息的过程就是强化信息的过程，这说起来比做起来容易。孩子对行为是很敏锐的，如果父母天天催促孩子勤奋，自己在家里却总是拖延，那么孩子是听不进去父母的教导的；如果父母天天告诉孩子要节制，却随时在家庭聚会上喝个酩酊大醉，还经常挑逗朋友的伴侣，那孩子绝不会将父母关于节制的忠告放在心上。对青少年和年轻人来说，最有效的教育就是以身作则，而不是口头说教。而且以身作则需要有持续性，不能时而做表率，时而当反面典型。孩子可等着家长犯错呢，这样就能在受责备时反问父母对自身的严格程度了。教育孩子时不要言行不一致，如果不确定自己该说得更多一点还是做得更多一点，就更要严格要求自身，做好示范。只要孩子相信父母也是说到做到，那么父母给孩子讲道理就容易得多了。

我是 49 人队 [1] 的球迷，尤其是乔·蒙塔纳（Joe Montana）时期的球迷。我没法把 NFL 每个四分卫的名字都报出来，但我热爱橄榄球比赛。比尔·沃尔什（Bill Walsh）教练手下的 49 人队最让我着迷的地方在于教练的执教哲学，他认为球员的技巧和执行力是球队最为重要的因素。他们从不嘲讽对手，从来不在达阵以后朝对手嚷嚷。

他们向对手传达的信息就是：我们要把每个球都打到最精确，这就是我们的比赛方式；我们不断打磨自己的每项技巧；我们不会停止对卓越的追求；我们永不放弃。

杰里·莱斯（Jerry Rice）觉得自己从来都没做到完美，但他是历史上最棒的接球手。他从不在庆祝的时候跳舞，从不说废话，从不虚张声势，他只是稳稳地把球接住。他是最让队友信赖的人。杰里，你应该高高跃起，和队友撞胸，告诉对手你是史上最佳球员。不要再如此沉默了，观众们在你的精彩表演前可冷静不下来。但杰里就是这样，从不废话，行动至上。杰里的气质影响了我，让我如今也尽可能地保持谦卑，这就是行动、榜样的力量。

我的爸爸是个成功人士，也是个懂得克制的人。他工作勤奋，决心要干出成果，他成为销售凯迪拉克和雪弗兰的公司经理，还升上了副总裁，当时他在密歇根州底特律市中心。1963 年，他搬到加州去发展。到了 70 年代中期，他自己创办了一个汽车销售公司，有员工 300 名左右，在表现好的时候，公司一年能为他带来几百万美元的净收入。

---

[1] 译者注：49 人队即 NFL（职业橄榄球大联盟）球队或旧金山淘金者队（San Francisco 49ers）。

我爸爸拿的薪水够家里过中产阶级的生活。我们是当地一个乡间俱乐部的成员，每年都会有一次滑雪度假，但多数时候我们的生活都很节制。我们几个孩子都没有单独的卧室，吃饭永远都在家吃，穿普通的衣服，14 岁之后就开始自己挣钱花。

　　我们小时候不知道爸爸很有钱，而且其他人也看不出我们是富裕家庭的孩子，所以他们对待我们也像对待所有人一样，这对我们的成长来说是莫大的幸运。其他孩子想和我做朋友是因为他们喜欢我这个人，而不是因为我爸有钱。我交到了很多真正的好朋友。

　　但比有钱更了不起的是，爸爸懂得节制，这是他最了不起的地方。

　　有一次，爸爸想买一套当时要卖 300 美元的高尔夫球杆，他花了几个月才最终决定。我记得他当时念叨过："我还是等几个月公司情况好点了再买吧。"他的行为和选择让我们更加懂得金钱的价值。我们从来不会认为拥有什么东西是理所应当的。他从没谈过他会给我们多少财富。他说过："我不能保证给你们留下什么。汽车行业现在变化很快，已经辉煌不再了！"

　　他很有先见之明。最终销售公司经营不善，我们家的富裕生活也一去不复返了。但我们几个孩子没有遭受什么打击。我们有自己的事业，都能自己支持自己的生活。

允许孩子失败

人经过辛苦的工作挣得报酬，当然有权购买自己愿意购买的东西，也很难抵制这样的诱惑。比如发了工资可以买一套高尔夫球杆、一套设计师设计的服装、一艘配有直升机和舞厅的世界级游艇。比抵制这种诱惑更难的是，我们很难判断什么时候是在宠坏自己的孩子，尤其是在孩子也有了自己的孩子的时候。

布莱恩（Brian）的爷爷很富有，布莱恩的爸爸 27 岁时继承了家里制造精密机器零件的生意。布莱恩 24 岁时娶了他的高中同学盖尔（Gail），盖尔是他们那一届最漂亮的女孩。很快盖尔就怀了第一个孩子。爷爷奶奶和外公外婆都即将第一次迎接孙辈的出生，非常开心。

和所有年轻夫妇一样，布莱恩和盖尔都梦想着有自己的家。但盖尔因为身体虚弱早早开始休产假，布莱恩当程序员的薪水又很微薄，他们的梦想短期内不太现实。他们很满足于自己的一居室公寓，想着等孩子出生、盖尔回去工作以后，就换一个两居室的房子。

有一天晚上，布莱恩的岳父建议布莱恩在他们家附近买个新房子，两位老人愿意帮助照顾孩子。这听起来还不错，但首付怎么办？布莱恩和盖尔可掏不出钱来。

几个月以后，布莱恩问自己的爸爸能不能借10万美元付首付，他想在旁边的镇上买一套50万美元的房子。说是借，不过可能是等哪天房子卖掉再还钱，爸爸很明智地拒绝了。开口拒绝并不容易。这时候看起来买房子的事是没戏了。

但布莱恩的岳父知道他们需要钱以后，立即提出如果他们买一个100万美元的房子，就资助50万美元，他们就能在那个地方住下。可调整利率贷款前2年的月供不高。这就让布莱恩和盖尔有能力买一套三居室的房子，还带一个小院子。贷款算下来，只超出他们的收入水平一点点。

很快布里奇特（Bridget）出生了，一切都很美好。过了一段时间，盖尔回去上班了，外婆开始在夫妻俩上班时照顾小布里奇特。6个月以后，盖尔感到白天上班、周末和晚上照顾孩子的生活让她疲惫不堪。布里奇特慢慢开始走路了。盖尔每天下班回家要做晚饭、打扫；布莱恩晚上回家后，她还要给他做吃的，哄布里奇特上床，然后第二天闹钟响起，又去上班，重复这样的一天。

盖尔觉得她妈妈才真正享受和布里奇特在一起的时光，这让她心里很不舒服，没多久，盖尔就说想当全职妈妈。盖尔和布莱恩为这事产生了矛盾。

一年的压力和沮丧之下，布莱恩找到爸爸肯尼斯（Kenneth），向他寻求建议。尽管肯尼斯在上次借钱时头脑很清晰，但这次他也有点不明智。因为肯尼斯一直希望家里有人能继承家族生意。所以肯尼斯想雇自己的儿子在公司里任职销售经理，给他付高于正常水平的薪水，这样布莱恩也能支持盖尔当全职妈妈。布莱恩同意了这个想法，问题在短时间内解决了，但只是看起来没问题而已……

盖尔开始当全职妈妈，她后来又怀孕了，生了一个儿子。两方的父母都很开心。他们觉得在自己帮助下，这一代人也过上了健康平衡的生活。一切看起来都很完美……但布莱恩突然发现自己根本不会销售精密机器零件，他和其他同事毫无相同点，而且他没有经过努力就成了其他人的上司，这也让这些人心生不满。

布莱恩感觉自己进退两难。他在爸爸的公司工作，工资比当程序员高三倍。他的妻子想当全职妈妈。但布莱恩和盖尔都不知道，双方的父母都开始相互指责对方把这个家庭引到如今的状况。

更糟糕的是，家族企业的员工们都说这种任人唯亲使整个公司士气大降。肯尼斯和布莱恩谈了谈，他们都觉得布莱恩最好还是回到程序员老本行，离开公司。肯尼斯同意继续给布莱恩发几个月薪水，让他们度过收入下降的这段调整适应期。然后一切又回归到完美的状态。布莱恩去了一家编程及软件开发咨询公司。现在他挣着两份薪水，租了辆全新的豪华SUV，后座还有孩子可以观看的视频播放器。

2007年发生了次贷危机，全国的房地产都遭到了致命打击。那一年，布莱恩和盖尔的房贷被调高了，月供上涨了40%。肯尼斯同意不断掉布莱恩薪水的支付，只是减少一部分。布莱恩和盖尔不能重新贷款，也不能卖房子，因为现在房子卖了也抵不了贷款。肯尼斯开始指责盖尔的父母帮助他们贷款买了一套他们自己无力支付的房子。

银行的赎回权取消一般要两年时间。双方父母都觉得为一套没有净值的房子付贷款很没有道理。布莱恩那两年没有贷款还，相对比较轻松。

布莱恩甚至不用那么拼命工作，因为花销变少了。然后到了2009年8月，他们收到了驱逐通知。布莱恩和妻子无所适从，因为他们从来没有真正自己承担过经济压力。现在他们住哪儿呢？他们并没有感到恐慌。

布莱恩很冷静地找到他爸爸寻求建议。布莱恩和盖尔没有资格申请新的房贷，因为他们的信用分已经不够了。他们也没有存钱，因为一直以来他们都觉得没必要存钱。肯尼斯很仔细地思考了当时的情况。他还是没有动摇他的一个态度：他不会帮他们买房子。他还记得自己花了多大力气才买了自己的房子。他觉得儿子也应该经历这样的过程。他说："儿子，你现在只能租房子住。"

布莱恩对此似乎意见不大。但盖尔告诉父母，他们的财政状况能租得起的地方并不好。二老很不开心。他们觉得住在那些街区太丧气了，而且这样孩子们就离外公外婆30公里远了。他们提出了更好的方案。

盖尔的父母在拉古娜海滩还有一套房子，比他们之前住的家还好得多。盖尔的爸爸建议说："你们可以租我们的房子，市场价比你们现在能付的钱高一倍。你们只要一半租金从我们这儿租就行了，一直租到你们站稳脚跟。"

就这么定了。盖尔的爸爸找了个搬运车和一些搬家的人，布莱恩和盖尔搬到了新住处，生活又进入了平缓期。布莱恩的岳父要求布莱恩按时付房租，这就是他最大程度的严格了。但他还是在他们搬进来之前给房子刷漆、铺地毯、装饰了院子，房子修整过之后看起来很漂亮。尽管房租已经减少了，而且布莱恩仍从爸爸公司领薪水，但6个月以后，这个家庭还是有些入不敷出。肯尼斯别无他法，只能把布莱恩的薪水往上涨了涨。

这算娇惯吗？这是谁的错？父母只会说：孩子是有选择的，他们接受了我们的好心帮助，他们自己没有理好财。被娇惯的孩子会说：**爸爸妈妈，你们可是更年长的人，应该比我们更清楚**！孩子说得没错。

如果这些家长早早就教育孩子节制，如果家长没有给孩子提供即时满足——房屋首付、高薪，布莱恩和盖尔本就有机会靠自己生活，保留经济独立的尊严。

延迟满足需要奋斗。本章提到的父母们，不懂得让孩子奋斗。如果家长们不控制自己对孩子的帮助，孩子永远没有机会奋斗。

第五章
让孩子学会自己奋斗

如果孩子能从某件事情中学到东西、获得成长，就不要去过度保护孩子。**有些东西，孩子不自己去经历，是永远也学不会的。**让他们经历生活中的痛苦，见证他们的回应与成长，鼓励他们。告诉孩子，他们能够坚持下去。这样做纵然会剥夺一些快乐，但人生的道路本就不是永远的快乐。

我们来看看杰里·莫雷蒂（Jerry Moretti）的故事吧。在 14 岁时，杰里完成了历时 17 天的从意大利到纽约再到洛杉矶的旅程。那一年是 1950 年，杰里不会说英文。他带着父母给他的一张手写的纸条，纸条上是父母的期许，他们希望杰里移民到美国，在加州开始全新的生活。杰里的爸爸妈妈想给他自由，他们家几代人都生活在农场上，他们希望杰里能去更广阔的天地成长。

所以杰里找到了他的远房阿姨艾米莉亚（Amelia），在她那儿住下了。在这之后的 10 年里，他一直留在美国。他有一张照片，照片上是意大利波坦察的家人，这张照片是他的过去留下的唯一痕迹。杰里在农场学到了三件事：认认真真工作、开开心心吃饭、尊重父母。现在是他实现他们对他的期许的时候了。

15 岁时，杰里在美国找到了他的第一份工作，在一个加油站当加油工。19 岁时杰里成了加油站的经理，26 岁时他拥有了自己的加油站。赚了钱之后，杰里在接下来的 10 年里开始投资公寓式住宅、拖车住房公园、工业建筑、土地、快餐店。他懂得勤劳、牺牲、延迟满足的意义。

尽管收入不断增加，杰里仍然保持了节俭的习惯。他上班都是吃自带的袋装午餐，这个习惯延续了一辈子。他的妻子芭芭拉（Babara）也同样节俭。他们有三个孩子，但是养育三个孩子时，他们的预算都很紧。他们虽然有钱买大房子，但还是一直住在两居室的房子里。他们的车开了很多年也没换。他们的孩子读的是公立学校而不是昂贵的私立学校。杰里只在有现金的时候才买东西，从不用信用卡。他还记得借贷险些摧毁了他在意大利的家庭农场。而在投资中，在地产贷款还清之前，他从不会从投资中拿一分钱。

在本书出版时，杰里已经 80 岁了。他和芭芭拉仍住在加州惠提尔的小家里，那个房子是他们 44 年前买的。他们还在附近的湖边有个小屋，在当地的山区也有个小木屋，但两个屋子都很朴素。他们的孩子已经长大成家了，经济上也独立了。孩子们从没问过父母离世后谁会分多少财产。

也许你会问："那他挣那么多钱干吗？他想要什么就能买到什么呀！他错过太多东西了！"但亲自见过他的人都知道，他的一生什么都没有错过。而且如果当面问他的话，这个一头银发的老人或许会把手轻轻搭在你的肩上，带着快乐的微笑，用意大利口音的英文告诉你："但我已经得到了我想要的一切，我有选择自己志向的自由，我一生都为此努力奋斗。我的父母很爱我，他们愿意牺牲传承已久的家族记忆，让我塑造自己的人生。"

鹰如何学会飞翔

杰里父母的做法就像鹰一样。鹰会将自己的幼崽从悬崖边的巢上推下。小鹰会直直地冲向地面，如果小鹰想要飞翔，它就会飞起来。如果小鹰还无法飞翔，母鹰会在小鹰撞到岩石之前用嘴把它接住，然后飞回巢，再次将小鹰扔下。

到底什么时候接住孩子最好呢？你是否保护着自己的孩子，觉得他们总有一天会学会一切，独自飞翔呢？你是否把他们接住以后再从高处扔下呢？还是把他们放回了安全的巢里？对父母来说，孩子放在巢里很容易，也是一种懒惰。

现代父母越来越喜欢在孩子身旁盘旋，过度保护孩子。有一天清晨，我在加州拉古娜海滩散步，短短的一两公里的距离内，我就走过了 5 个小学校车站点。每个站点都有许多学生在等校车，他们的身旁都站着他们的父母。大多数父母都牢牢牵着自己的孩子。我一开始觉得这些家长都很尽责，很爱孩子。我对一个抱着女儿的母亲说："母亲真伟大！"她听后微笑了。

但我马上想起了自己 6 岁的时候。那时我住在密歇根伯明翰，妈妈总是让我自己徒步走到学校，有时我和9岁的哥哥汤姆（Tom）一起。我们要走5公里才能走到学校。但我的父母是很爱我的，我很清楚。有时哥哥会在学校多留会儿做事，我就自己走回家。回家有一段路要穿过茂密的森林。

你可能会说："现在一切都不一样了，社会更危险了。我如果不照看好自己的孩子，他/她可能会受伤，甚至遇到恋童癖。"这么一想，确实挺可怕的。但把孩子送到校车站点不是就足够了吗？有必要一直等到车来吗？是不是因为害怕一旦孩子在站点被绑架或者遇上变态，自己会感到愧疚呢？这样的恐惧是可以理解的。许多人会认为陪伴着孩子更为明智。但我认为有许多担忧是幻想出来的、多余的，而且人的恐惧与妄想加剧了这种担忧。我们做任何事情都是有风险的。鹰的风险就是，也许在小鹰落地之前没能接住它。有时为了孩子能变得成熟、收获成长，父母必须冒点险。

助长依赖的父母会设想出每一种失败，并以此为借口大包大揽扫清一切障碍。这些假设中的大多数根本不现实。这样养育孩子过于费时，不是吗？试试更有效率的方法吧：接受一些风险！

回想起我自己读小学的经历，我很好奇，如果妈妈每天都开车载我去学校，或者牵着我的手等校车来接，我的童年会产生如何的变化。我每天早上和哥哥一起走路去上学学到了些什么？首先，我培养出了冒险精神。冬天时，家附近的森林就像一张崭新的白色地毯，有时粉状的雪在空气中飘浮，地上也积着厚厚的雪。有一次我的网球鞋从脚上掉下来，掉进雪里，我费老大劲才挖出来！现在的父母才不会让孩子鞋子掉了之后赤脚站在铺满雪的林间，一分钟也不行。孩子这样很容易生病的，患肺炎或者被冻伤一类的。也许孩子会在森林里迷路，光着脚等待救援队搜索成功，大家都在电话线杆上贴寻人启事找孩子。不过，这一切也可能压根儿不会发生！

我光着脚在雪地里站了多久呢？两秒！我的脚就差不多冻僵了。后来我一律穿雪地靴，把运动鞋放包里，等离开雪地再换上。我当时可是个6岁的孩子啊！还有一天，我放学回家时，看见那个每天下午都在车库卖甘草糖的少年。那一刻，我对红色甘草糖产生了一种难以言说的喜爱。我还学会了跟那位少年讨价还价。我哥哥汤姆向我展示了一个老成的、9岁的人是如何说服卖家卖十送二的。我学到了定价的门道，而且还发现，年纪更大的人确实有更多经验。年纪比自己大的人可是一个绝佳的资源，这一点我牢牢记在了脑海里。

有一天下午回家时，我遇到珍妮（Jenny）。我们聊了聊，她是个很特别的人，她的笑声也很有趣，我很喜欢她。她是第一个让我心动的人。某个周六，我走到她家送给她一份圣诞礼物。那是一个装着芳香泡沫剂的玻璃瓶。她开门时，礼物掉到了地上，因为打湿的礼品纸很滑。玻璃瓶在她门前摔碎了。我到家之后，脸上的眼泪都已经被寒风吹得结冰了。

我哥哥有一次摔倒在马路上，摔断了手臂。我让周围的人照看他，自己跑回家求救。所有这些都是我在上学放学的途中所经历、学习到的。我的父母没有助长我的依赖。他们自身就很强大，能够让我体验自己的生活。他们衡量过得失之后，允许我去冒一些风险，哪怕失败也不怕。养孩子本就是有风险的。这不是说要把一个8岁孩子置于沙漠中央，再给他/她一升水和一把猎刀，让他/她自己想办法生存。而是说父母应该大概预估真实的风险，让孩子自己去发现一些东西。当孩子滑倒、破皮、流血时，教他/她如何清洁伤口、绑绷带，鼓励他们勇敢站起来再次尝试。不要将自己的情绪随意加到孩子身上。父母也许可以永远保护孩子不摔跤，但这样的话，孩子就永远也不能到乡下或者大自然中去长长见识，而只能做一只井底之蛙。

必要的成长之痛

关于个人的塑造与成长的问题，我常常想到意大利雕塑家米开朗琪罗（Michelangelo）的故事。有人曾问他，在创作之前，他是如何从一块巨石中构思出《大卫》这样的杰作的。米开朗琪罗回答说："大卫一直就在那块石头里，我只是把他身边多余的石头拿掉，让他不再受其束缚。"

米开朗琪罗每在大理石上凿一下，就会有石头碎片掉落下来，而"大卫"也就越来越清晰地显现出来。千百次的捶打好似在伤害石块，每一次都碎片飞溅，却造就了"大卫"。生命就像这个创作的过程，在我们很小的时候，修炼与塑造就已经开始了，我们在这个过程中被打造成了如今的模样。

如果米开朗琪罗不敢对石头发力，过分小心翼翼，我们很难想象"大卫"会变成什么样子。若是亲眼看见米开朗琪罗创作的人，可能会觉得整个过程极具破坏性，且混乱不堪，可能还会制止米开朗琪罗说："你到底在干吗？你确定凿对方向了吗？你完全是在毁了这块完美的大理石你知道吗？"

米开朗琪罗回答说："大卫就在石头里面。他将会英姿勃发地站在世人面前。他必须要挣脱这石头的束缚！要让他自由，就必须把这些囚禁他的石头给凿掉。"

当父母娇惯孩子时，就是将凿子从大师手中拿走，并且认为石头本身不需要雕琢就很好了。家长总说："要看着孩子经历迷茫和犹豫不决太痛苦了，这让我回忆起自己成长的痛苦。我体会过这种感受，我不愿意自己爱的人也去经历这种过程！"

挣扎奋斗是最好的老师。想想自己最看重什么，是和朋友一起度过愉快的时光？还是在酒吧里尽情玩耍，今朝有酒今朝醉？是绝不浪费罐底那一点点的花生黄油？还是对伴侣的绝对忠诚？我们看重什么往往取决于我们过往的经历。你的父母是否常常让你感到难堪？读 8 年级的时候，是不是有人对你说过："你数学这么差，你真笨！"你的老板是否非常专横，不管你的方法是否方便，都要按照他/她的路子来？你是否还记得这些凿刻教给你的东西？如果没有这些经历，也许永远也学不到有些东西。

然而，尽管父母能记住自己的这些经历，却常常不计代价地保护自己的孩子不要去经历相同的事情。家长常常以自己的成长经历为基准来养育自己的孩子。如果一个成年人觉得自己有很强的适应力、很能干、很成熟，那说明他/她的父母的教育方式是正确的，尽管这种方式也许会使孩子感到过于艰难和挣扎。养育孩子最重要的是要仔细倾听、观察。这不是一项短期的任务，家长扮演的角色就是一个长期的领袖，孜孜不倦地教导孩子，家长自身的一言一行也被孩子看在眼里。

不要去阻止孩子挣扎的过程，努力冲破困境往往会使孩子受益更多。不要在春假的时候花钱让孩子去佛罗里达玩；不要在他/她 16 岁时就给他/她买车；不要去什么私立学校；让他们自己挣去欧洲旅行的钱。**让孩子成功最好的方法就是支持孩子，而不是在他们努力突破困境时帮他们扫清一切障碍。**

不要吝啬分享自己的难处

还记得曾遭遇过的父母无情的拒绝吗？也许某天你的爸爸还愿意把车借给你，但第二天就坚决不同意了。这种拒绝有时并没有什么原因。若非要问缘由，也许得到的答案是："因为我说不行就是不行！"为什么现在的孩子都有权随意质疑父母的决定了呢？是不是父母说不过孩子就只能缴枪投降？如果父母向一个 16 岁的孩子屈服，孩子只会越发不尊重父母，越来越娇惯。有时，拒绝就像是米开朗琪罗凿向大理石的凿子。

迪佛雷斯特·索利斯（DeForest "Buster" Soaries Jr.）是美国最了不起的牧师之一。有一次他告诉我，有一天半夜，他的儿子在宿舍打电话给他，想让他付几块比萨的钱，他当时正和朋友一起。索利斯的儿子是个很勤奋、有责任心的学生，面对这样的好孩子，大多数父母都会直接答应这样的小小要求。

但索利斯问儿子：晚饭难道没吃饱吗？儿子在学校的晚餐费用本就是索利斯夫妇在支付。

他的儿子回答说："我们去食堂的时候食堂已经关门了。我们现在真的好饿呀！"

索利斯想了想回答儿子说："我不会出这个钱的，你肯定有办法解决眼下的食物问题。以后不要错过食堂的晚饭时间了！"

他挂掉了电话，因为太古板被妻子说了几句，然后接着睡了。他的儿子那晚并没有饿肚子。他没有娇惯儿子，而是让他自己学会生存之法。最重要的是，那晚儿子再没打过第二通电话请求买比萨！

如果孩子要为自己的弱点、糟糕处境负责，他们会自己开发出未曾显现的能力。但如果父母总是帮助他们越过障碍，孩子永远也不会开发出这种能力。

不要强求孩子使用自己认为可行的方法，这样相当于是在控制孩子。除非孩子开口求助，甚至不要去主动分享自己的方法。不要让孩子迷失于物质之中，这样他们只会和其他娇生惯养的孩子打成一片，也不要给孩子错误的成就感。

分享自己的难处是让孩子适应挑战的一个方法。我们总是倾向于在孩子面前隐藏自己的弱点和失败。在时机正确的情况下，告诉孩子父母的挫折是很有益处的。如果你曾经讨厌妈妈说的话，后来却发现她说的都是对的，可以大胆把这样的经历告诉孩子。如果你 17 岁的时候邀请心上人去毕业聚会被拒绝，哭了一整夜，也不妨与孩子分享这样的时刻。承认自己也有失败的往事，用自己的挫折将自己学到的东西教给孩子。帮助孩子学会像父母一样努力奋斗。当孩子面临困境，让他们自己去追求胜利。在孩子的奋斗有所收获时、成功时，不时给予鼓励，这样就能让孩子增添自信，培养克服困难的态度。

父母永远是父母

我的孩子们都已经长大独自生活了，但对孩子的教育却仍然使我烦恼。其实，对孩子的教育是持续一生的。一年以前的事我还清晰地记得，仿佛就发生在昨天。那一天我们得知我们健康、强壮的儿子拉塞尔得了结肠癌，当时他 27 岁。这就是我之前提到的那个买星巴克咖啡机的儿子。

医生告诉我们，他们发现了一个很大的肿瘤，需要动一个 6 小时的手术，在拉塞尔的结肠上开一个 30 厘米的口子，术后还要接受半年的化疗。

我问自己该跟拉塞尔说点什么来宽慰他、给他建议。我和妻子都很震惊，但我还是对他说了些话。

"拉塞尔，你现在经历的事情，是我和你妈妈从未经历过的。每一次我面临危机时，我都发现时间有神奇的魔力，能让人有全新的看待事情的角度。现在看起来难以克服的事情，也许过不了几个小时，就变得不再那么可怕了。但现在反而只有你才能教会我们要怎么度过这个阶段。"

我知道，这个时候不要去教他具体该做什么。我告诉他我的心态是这样的，眼下就不要想太多东西，过几个小时自然就会接受这个事实，从不一样的角度去面对。

拉塞尔的回答很令我们吃惊。

他大声说："我要吃个汉堡。我已经整整两天没吃东西了，我现在很想吃个大汉堡。我能吃吧，医生？"

你是否有过这样的经历，在面对危机时，带着眼泪的同时大笑？或者在悲伤的场合，强忍住不笑（因为这时笑出声很不合适）？

医生问："你认真的吗？你下周就要做手术了，吃粗粮的话，下周你就要重新吃药清理肠道，这样才能动手术。最好还是吃点软的东西，而且你刚才从全身麻醉中清醒过来，明天之前你连车都不能开。"

拉塞尔说："我知道了。如果我爸愿意开车带我去买汉堡，重新吃药清肠，我觉得倒没什么。我可是刚得知自己患癌的人呀，你忍心拒绝我这小小要求吗？"

我简直忍不住笑，这是我人生中第一次一边哭，一边又忍不住放声大笑。

拉塞尔的两个哥哥亚伦和陶德听到消息后就放下一切事情赶过来了。他们在附近工作，很快就开车过来和我们会面了。20分钟以后，我和三个儿子在一家快餐店吃着奶酪汉堡。做点这样普通的事情让恐惧渐渐平息。

我作为父亲在这一刻了解到，拉塞尔已经是个成年人了，这是他自己的人生故事了。我能做的就是帮助他做出最好的决定。我们作为父母总会本能地保护、帮助孩子，不管孩子多大，都仍像是把他们当成穿尿布的年纪的孩子一样。但孩子早已不是小婴儿了，我也学会以不同的方式去对待他。现在的我早已不需要再告诉拉塞尔如何处理一切事情了。

那个星期，我的妻子黛比和我谈了无数次我们该怎么做。当时的情况非常紧张，但我们都认为，我们应该让拉塞尔自己去决定很多东西。当然，我们也在医生、主刀医生、治疗这些方面做了很多事情。但每当我想告诉拉塞尔怎么做时，我都会换一个想法："拉塞尔想要我做点什么？"

见证拉塞尔掌控自己的生活是件很令人振奋的事。如果我过多地去干涉，我就犯下了大错。比如，我觉得只有家人和少数好朋友会在手术前得知拉塞尔的情况。但两天以后，拉塞尔说他把自己的情况放在了社交网络上。我当时想的是：现在就把这个消息说出去？跟结婚一样告诉所有人？我才不会这么做呢！

我还是克制住了自己，什么都没说。幸好我什么都没说。

拉塞尔说："我收到了334个回复，朋友们都很关心支持我。而且在Caring Bridge[1]上已经有5000个人关注我了。"

我突然觉得自己就像中世纪的人一样保守顽固。看来我不能再把自己的想法强加到拉塞尔身上了。这是他自己的人生。

---

[1] 译者注：一个让患重病者与他人进行交流的网站。

学会放手

在孩子陷入困境的时候，父母很想介入，全权掌握孩子的生活。虽然父母想控制结果，但这是不可能的。我有两个很好的朋友尼克（Nick）和贝琳达（Belinda），他们费了许多周折才了解这个道理。

尼克和贝琳达有一个儿子卡梅隆（Cameron），卡梅隆在 19 岁的时候对酒精上瘾了。他现在 24 岁。卡梅隆是四个孩子里最大的。他的妈妈在加州大学伯克利分校获得了一个音乐的高级学位，在当地的交响乐团当大提琴手。没有表演的时候，她是一个家庭主妇。尼克之前是一个海军飞行员，为军队供应军用物资，做得非常成功。他开了一家公司，在 4 个大陆、12 个国家都有大仓库。他白手起家，为家庭创造了富足的条件和生活。

他们对卡梅隆的期待非常高，所以卡梅隆让他们失望到了极点。

卡梅隆的父母为了他花了几万美元去康复中心和找心理医生，但都没有收到效果。在后来的四年里，他的酒瘾又复发了三次。卡梅隆一直住在家里，有时从父母那里偷钱，说谎成性。简而言之，他的行为让一个辉煌的家庭灰头土脸。

很明显，尼克和贝琳达做尽了一切来拯救卡梅隆。最终在遭受了现实的残酷打击后，他们才发现，如果卡梅隆自己不愿意主动积极地恢复正常生活，他们再怎么做都无济于事。了解匿名戒酒会的 12 步计划的人都知道，这个概念包含了父母对此类问题类似的觉醒。

为人父母须认识到，把自己的愿望加到孩子的人生道路上越久，就越是毁掉了孩子重返正途的机会，也是毁掉孩子探索自己独特才能与热情的机会。没错，父母要袖手旁观，眼看孩子自食其果很痛苦，但父母也不能忽视，这样的经历也会带来宝贵的经验与财富。每个人都有不同的生活，我们个人的经验不可能完全应用到另一个人的生活中去。

尼克和贝琳达最后终于精疲力竭，感到无能为力。他们强忍心痛，将爱子逐出家门，并断绝经济支持。他们知道这样做，卡梅隆甚至可能因无力照料自己而死去。

卡梅隆离开了，前往中西部。他们好几个月都没有卡梅隆的音讯。这其实是一种解脱。在圣诞节快到的时候，卡梅隆往家打了一通电话，留言说自己会很快回家。当时 6 个月过去了，卡梅隆没有打过电话，没有写信，什么消息都没有，他们以为他可能已经死了。

卡梅隆用一个车站的电话打回家，问他们能不能去接他，就好像他只离开了几个小时一样。他们感到很害怕，告诉卡梅隆他不能留在家里。卡梅隆说他们可以把他送到朋友家去。两周后，他又开始喝酒了。他们伤透了心，没有再去管他，心情再次跌倒了谷底。

三年后，卡梅隆在一个汽车修理店工作。他喜欢忙碌的感觉，家里人也调整了对他的期待。他们不再期待卡梅隆能去读大学，不再期待卡梅隆能过上和他们一样的生活，而且也永远难免担忧卡梅隆酒瘾复发。但现在起码有了希望，卡梅隆的眼睛里，家人的心中，都有了新的希望。他们希望卡梅隆能快乐，希望他能享受生活。这对他来说就足够了。

这个残酷的转折改变了尼克和贝琳达。他们最初感到难堪、耻辱，感到失望、脸上无光。但当他们作为父母看见孩子跌入谷底，他们没有放弃，他们调整了自己的思维方式，开始为卡梅隆自己人生的进展感到开心，而不仅仅按照他们对卡梅隆的预期为标准来看待他的人生。现在要卡梅隆自己选择自己的人生道路了，他们不会再去干预。

有时，小鹰必须离巢，独自学会飞翔。孩子也同样如此。教育的原则之一就是要学会向新生的个体妥协，承认孩子未来的经历会是独特的、不同的，甚至是陌生的。父母只有两个选择：逼迫孩子朝着自己的期待发展，或者带着开放的态度迎接他们自己人生中的每一次体验。选择前者，孩子会恨父母。选择后者，父母则能够见证孩子对梦想的追逐。

第六章
创造能让孩子铭记终生的回忆

在对孩子的给予上，我们总是倾向于物质上的东西，却很少花时间陪伴。然而父母能给孩子最好的礼物是他们能铭记终生的与父母相处的回忆。

这样的美好回忆能支撑着我们在人生的道路上不断奋斗。家人之间会反复分享这些回忆，等到年纪大了甚至会没完没了说个不停。

但又有多少人真正去细心打造这样的回忆呢？多数人也就只是毫无新意地带上家人去露营，要不就是打电话给旅行社，声称想要给家人创造最美好的回忆。为了找好工作，我们努力地读书；为了得到工作，我们认真地准备简历；但说到创造和孩子共同的回忆，我们往往全指望运气。这是为什么呢？虽然度假听起来是个不错的选择，但北美的父母往往利用假期来躲开孩子，偷得几日空闲。偶尔这样毫无疑问是有益处的，但我们现在要说的是如何创造更棒的家庭经历。

想想你的孩子会喜欢什么样的经历，不要声张，并努力地使之成为现实。如果你正在学舞蹈的 12 岁女儿能亲眼见见茱莉亚学院 [1] 的面试，你能想象

---

[1] 译者注：茱莉亚学院 (The Juilliard School) 始建于 1905 年，是世界上顶尖的专业音乐院校之一，被誉为"音乐界哈佛"，位于美国纽约市林肯中心。

她会多么兴奋吗？是否想给女儿增添一点动力呢？那就让她去茱莉亚学院和在那就读的学生聊聊吧。我妻子就为她的侄女如此做过，只需要打个电话，就能为孩子创造一份终生难忘的回忆。

如果你的儿子很喜欢棒球，那他要是能在道奇体育场[1]掷上几球会是多么快乐呀！这是否很难做到呢？也许会费些周折，联系一些人。但我一位朋友就带着他的儿子在灯光下的投球区享用了他们自带的食物。没有花钱。除了带儿子去体育馆，如果爸爸告诉儿子："儿子，我想告诉你，你对我来说很重要，我爱你！"那么这段回忆会更加难忘。你是否希望在自己不在时孩子也能想起和你共度的美好时光呢？给儿子这样独特的回忆吧，让他每次看到电视上坐满人的体育场就会想起你。与父母这样的经历对孩子来说是取之不竭的回忆财富。

---

[1] 译者注：道奇体育场（Dodger Stadium）位于美国洛杉矶，是一座供棒球比赛使用的球场。目前是美国职棒大联盟著名球队洛杉矶道奇队的主场，落成于1962年，造价为2300万美元。

创造家庭回忆

为了一顿午餐，空中一架私人飞机正在飞来奥兰治县。迈克尔（Michael）是这架飞机上唯一的乘客，他是泛美人寿（Transamerica Life）的总裁，这是全美最大的人寿保险公司。迈克尔 40 多岁，是公司历史上最年轻的总裁。他读过我的第一本书《财富寓言》（*Fables of Fortune*），说想要见见我——此书的作者，谈谈他和两个儿子之间的距离感。迈克尔很明显是个工作狂，他的职业成就与攀升速度说明了这一点。

我们的午餐谈话进行了两个小时。迈克尔表示他感到和儿子们相处时，自己缺乏创造力，总是一成不变。我觉得自己不太能胜任给他专业建议。但我告诉了他我和自己的三个儿子曾经有过的一些经历，以及那些我未来想带给他们的小小惊喜。我告诉迈克尔，我最小的儿子拉塞尔和我都是旧金山 49 人队的球迷，我们每年都会买两张便宜机票飞去旧金山看一场周一晚上的主场比赛。

我们谈完以后，迈克尔有了一些收获，在家庭生活方面学到了几个新的小技巧。我们离开餐厅时，他很礼貌地问，他能不能也为我做点什么。我的第一想法是拒绝，但我马上想到三周以后的周一晚上我又要和拉塞尔一起去旧金山看49人的比赛了，我飞快转动自己的脑筋，我想，为什么不问问看呢？既然迈克尔是泛美人寿的总裁，说不定他能给我们在泛美人寿大厦安排一个房间呢，那可是旧金山最高的建筑，能够观赏到最棒的城市风景和海滨！

我问迈克尔他能不能让我和拉塞尔到泛美人寿大厦48楼的会议室看看。我和拉塞尔看完比赛第二天的晚上7点会坐飞机回奥兰治县，在上飞机之前，我们打算随便吃点东西。一般我们都会去旧金山的渔人码头买两个三明治，一边坐着吃一边看着人们来来往往，渔人码头的风景可是旧金山一大景致。我觉得如果我们能带着三明治去泛美人寿大厦看看风景，对拉塞尔来说一定是一个惊喜，他永远也不会忘记的。

迈克尔离开时脸上挂着孩子一样的微笑。他说："我能为你做的不止这点哦！"我不太明白他的意思，但我想我很快就会知道了。一周后他的秘书打电话过来说，迈克尔已经为我们的到访安排好了，告诉我们最好穿上橡胶底的鞋子。周一晚上比赛过后的第二天早上，我们离开自己住的酒店，去了渔人码头。拉塞尔对这次安排还一无所知，我们去赛百味买了两个5美元的三明治。

我们到了泛美人寿大厦以后，我说："拉塞尔，你能想象站在这个大厦上面能看到什么样的景色吗？我在想我们能不能上去。"

我们转过大厦一角，然后径直向大厦的正门口走去，拉塞尔开始笑我。我走到守卫重重的前台，报出自己的名字，别的什么也没说。两个穿蓝色西装、打着蓝色领带的男人走到我们面前说："是瓦茨先生吗？"然后对我儿子说："你一定是拉塞尔吧？"当时拉塞尔完全摸不着头脑，他可能还在琢磨这里的人怎么可能认识我。我想我在拉塞尔心中的形象已经从一个普通的父亲上升到了一个超级英雄。两个男人介绍了自己，一位是大厦负责人，一位是安保部的头儿。

"我们先带你们在大厦逛逛，咱们先去地下的恐袭防御系统吧，然后再去 48 楼。"当我们了解了他们的安保系统以后，我们都完全被折服了。最让人难忘的是能够抵挡坦克的车库门，我们亲眼看到这门只需要两秒就能关闭、锁上！

逛了差不多半个小时，我们换了两次电梯到了 48 楼的会议室。大门打开时，我们看见迈克尔站在房间中间，像一个即将上场的魔术师一样。他和拉塞尔握了手，做了自我介绍。他的头衔就让拉塞尔感到难以相信。

迈克尔说："我有东西给你们看，跟我走吧。"然后走向出口的楼梯井，往上走了 2 层走到 48 层的楼顶，这个地方离大厦的最顶端还有 40 层的距离。大厦是金属结构的，中间是空的，这天吹着风、下着小雨，从大厦里望出去模模糊糊的。

我和拉塞尔抬头看，感觉就像站在一艘战舰的一端望向另一端。旋转的金属楼梯直通顶层，阶梯是镂空的，两旁是小小的扶手。

迈克尔解释说："每年只有很少的人能从这个楼梯走到楼顶。顶上有一个房间，大小相当于一个大众甲壳虫汽车。上面有一个 600 万 CP 的照明灯，称为旧金山之珠（Jewel of San Francisco）。房间里面像一个小客房，客人来了只要敢爬上来，我们就一律欢迎。"我这时有点晕，感觉想吐。他顿了顿接着说："如果你们愿意的话，我的安保主管会陪着你和拉塞尔上去。"

我和拉塞尔面面相觑，我俩都有些恐高。拉塞尔说："爸，我不知道我敢不敢上。看起来这梯子又滑又危险。"现在是当爸爸的做表率的时候啦。我知道只要我们爬上去，这对我们来说就会终生难忘的，我愿意克服这点恐高。在安保主管的陪伴下，我们攀爬了 100 多米，来到了旧金山之巅！我们进了房间，签了留言簿，给拉塞尔的妈妈打了电话，用手机拍了照片和视频，然后顺着楼梯回到了 48 楼吃我们的三明治，我们感到体内飙升的肾上腺素好像几天都不会停止。

　　我们回奥兰治时，拉塞尔的妈妈可没少说我，我的同事也一直说这个行为很愚蠢。但我自己内心知道，我将永远是拉塞尔的超级爸爸。

　　第二天，我收到拉塞尔的一封邮件，上面写道："**爸爸，我还沉浸在你给我带来的体验之中。**我逢人就谈昨天的经历，跟街上的陌生人都谈。我知道，你要不是如此爱我，是不会费劲去做出这么美妙的安排的。也许以后我也能当一个和你一样的爸爸！太棒了！谢谢你做的一切！爱你的，儿子。"

　　我很快把邮件转发给了旧金山的迈克尔，加上了一句话："是你做到的！"我等了 10 分钟，手机响了，迈克尔回了邮件，邮件写道："我正坐在办公室，看着窗外，脸上挂着泪水。"

　　一年以后，迈克尔又约了我吃饭。他的脸上挂着大大的微笑。他现在乐于和两个儿子一起创造共同的回忆，并愿意花时间和精力于此。记得我之前谈到的朋友吗？他和儿子一起坐在道奇体育场的投手区吃了他们自己带的东西。那就是迈克尔！

不用花钱就能成为超级家长！

在网络上，年轻人们不用和谁面对面接触，不用离开自己的房间，就能获得各种各样的体验。但我们在现实生活中能获得的体验同样非常广阔，不过这需要一定的创造力。自私一点，想象你愿意体验的经历，然后再考虑孩子、家庭。这也算为家人着想嘛！

孩子的娇惯往往来自父母给予太多物质上的东西。但给予体验就要安全得多了。最棒的家庭体验通常是意外产生的，但一定要睁大双眼、善于发现。

一年以前的 12 月，我们一家人在夏威夷北岸租了一个屋子，时间为一星期。那次的感受和以往都不同，因为我们一直都待在一个地方，附近没有太多景点可以逛，而且我们几乎都自己做饭吃。我们的两个孙女，3 岁的麦克莱恩（Maclane）和 2 岁的露西（Lucy）年纪都还小，只需要沙滩和木桶，就能让她们特别开心。她们很喜欢美人鱼，到现在都还喜欢，她们的墙纸、玩偶、玩具、游戏、浴缸刷子全是关于美人鱼的。

我们租的那个房子外面和后院都是沙子。每天清早，我都拿上一杯咖啡出门，沿着白色的沙道漫步。周二的时候，我们已经待了 4 天了，那天早上我打开门的时候，发现四周视线所及的地方，一个人都没有。突然我的身体一抖，好像有人突然从草丛中跳出来似的。我的咖啡洒了。在我面前6米的地方，有一个红色尾巴的美人鱼在防波堤上玩！当时我身边什么人也没有，漂亮的美人鱼脸上挂着大大的笑容望我。我走了过去，说出来脑子里能想出来的唯一一句话："我不会人鱼语，你会说英文吗？"

我听不懂她在说些什么，但她不是美人鱼，她是从巴西来的。

我跪到地上，双手紧扣请求般地问她："你能在这里稍微等我几分钟吗？我的孙女们就在离我们10多米的那个屋子里，她们要是能见见你，一定会永生难忘的！"我很快就往屋子跑去，好像自己看见了圣诞老人一样。露西正和比自己稍大的麦克莱恩坐在高高的椅子上，吃着干麦圈。我冲进厨房一把就把麦克莱恩从椅子上抱了下来，全家人都望了过来。

我努力克制兴奋的情绪，问孙女们："你们愿不愿意和我一起出去？爷爷发现了能让你们一辈子忘不了的东西。"然后我像抱橄榄球一样抱着麦克莱恩穿过后院，家人们都跟了过来。

我告诉两个孙女："今天早上爷爷望向海的那边，呼唤美人鱼。"我发出一种既像座头鲸又像驴叫的声音向她们演示我是如何呼唤的。我告诉她们不要吓到美人鱼了，然后慢慢地打开了门，沿着短短的沙道向美人鱼走过去。我们永远也忘不了麦克莱恩和露西脸上的表情。她们俩牢牢盯着眼前的活生生的美人鱼，我们还拍了照。

美人鱼叫卡米拉（Camila），她和女孩儿们聊了聊，红色的尾巴在海浪上轻轻蹦跶。她问麦克莱恩想不想坐在她背上游一圈。然后麦克莱恩就坐到卡米拉的背上，卡米拉出游了几米又游了回来，我们看得目瞪口呆。然后到了 8 点整的时候，有一整个"维多利亚的秘密"的拍摄团队来到海滩上，他们是来拍杂志照片的。原来穿着人鱼装的卡米拉就是他们要拍的人。我们简直是中了大奖！

一个小时以后，拍摄结束了，工作人员们收好东西准备离开。我知道卡米拉一定会把人鱼装脱下来，这要是在孩子们面前穿帮了可怎么办呀！我是留在这儿和家人们一起帮卡米拉把道具服装脱下来呢？还是告诉孙女们卡米拉要回到大海，然后带着她们回到屋子里保持我自己的传奇形象呢？我还是带着两个小孙女蹲在了门后面，不让她们看见美人鱼的真相。那一刻，我简直是北岸最好的爷爷，不，应该说是全宇宙最好的爷爷。

这样的经历很难忘不是吗？生活中小小的不期而遇带给我们美好的回忆。这样的经历在那一刻就结束了吗？也许是的。但为孩子做这样的事情本身就很值得了，这样的意外给我们带来了惊喜。我之前还没发现，全家人都对今年再次去那个屋子度假非常期待。今年我们又订了那间屋子，订在感恩节的那个星期。我们想自己处理一只活火鸡，虽然很麻烦，但这也是传统体验的一部分。在去之前的几个月，我有了一个想法，我想再次带来一些惊喜。一开始我在想是不是能再上演个美人鱼什么的，不过又觉得有些不太现实。后来我联系了屋子的房产经理乔恩（Jon）。

"乔恩，去年沙滩上有一个模特穿成美人鱼的样子拍照。我想知道那个模特是不是就住在那个岛上？"这是我发给他的信息，10 分钟之后他回了我："她就住岛上。她的名字叫卡米拉，平时没有外拍的时候就在北岸居住生活。我给你她的手机号吧。"

我纠结了整整一个星期才给她发了信息，我害怕强人所难。我给她发了她和麦克莱恩一起拍的照片，希望她能知道我们一家人对她的印象有多么深刻。卡米拉很快就短信回复了我。这种感觉就好像手机短信就是我手中的海神三叉戟，为我召唤出来美人鱼。后来我告诉基督教教友们，我背着家人和一个夏威夷岛上的模特发信息时，他们都用怀疑的眼光看着我。

我希望这是又一个惊喜，没有告诉任何人。但在感恩节前一天，我和两个孙女在一根绳子头上绑了一个美人鱼诱饵（一个贝壳做的梳子和椰子护发素），扔到了房子外的海浪里。绳子一直沿着沙道绕过木篱笆，穿过后院到屋子里，绳子的这一头系着十几个空罐子，如果美人鱼上钩，我们就能听到声音。第二天早上 8 点，大家都还在睡觉，绳子动了，罐子开始哐当响。孩子们乐坏了！谁都不知道发生了什么！女孩们自己跑出了门来到海边，看到卡米拉正拿着我们做诱饵的贝壳梳子梳头，梳子还绑在绳子上呢。她们的美人鱼在一年之后又来见她们啦！卡米拉很喜欢这个主意，她坚持一定要参加。给家人带来这个惊喜，我竟连一分钱都没花。卡米拉是个很成功的模特和裁缝，她还说要给两个女孩做两套防水的美人鱼服装。其实她的出现已经够让人开心了。有时我们需要认识到，简单就是美。这次的终生回忆经过了最初的灵光一现、策划、排练。我们想出了这个点子，很努力地把它付诸实践，给两个孩子带来了难忘的回忆。

有许多经历不是靠钱财而靠积极主动的计划、执行去完成，这样的经历也许是人生中最宝贵的财富。这些经历不会给孩子造成什么负面影响，所以不要再把宝物递到孩子的手中，带上孩子四处去寻找。随时在包里准备好一份简单的午餐和孩子最爱的糖果，也许胜过送孩子一辆新车！

第七章
祖辈对孩子的陪伴很重要

对父母来说，其实不必事事亲为。如果你的父母还健在，不要只把照顾孩子的责任丢给他们。他们还能带给孩子两样东西，这两样东西父母很难提供、孩子又非常需要——很多时间和无条件的爱。

刚做父母不久的人还有很多东西要学。养育孩子、履行一个丈夫／妻子的责任、为了住房辛苦工作、计划假期、兼顾事业与社区活动、业余爱好、信仰……所有这些事情会耗费一个人的许多精力，但在忙碌的生活中请不要忘记面带微笑。

总之，人需要有效率地做事，才能面面俱到。也许你的孩子放学练完足球以后需要你开车去接他们回家，晚上你还得把他们送到体育场训练，周末又得载着孩子去接受棒球评估或者练芭蕾。也许周二和周三，你还要把孩子送去辅导班。生活有时就是如此繁忙。

但孩子的爷爷奶奶或者外公外婆，却能在两件事上帮上忙：帮孩子放松；花时间专心陪伴、倾听。祖辈就像是文字间的空行、音符间的停顿，使文字、音乐都更完整。这么想吧：**所有人都在大口吸气的时候，祖辈可以帮助家庭**

舒一口气。

　　祖辈对孩子的教育与父母对孩子的教育类似，都是有意为之、需要控制的。祖辈和父母扮演的角色差别很大。祖辈有丰富的人生经历，遭遇过许多挫折和失败，这使他们更加智慧，更懂生存之道。如果他们是有耐心、爱心的人，其岁月积淀的智慧能使孙辈平静、信任。

别太死板

父母过于关注孩子的成功，使得孩子生活在忙碌之中。祖辈能教会他们慢下来，和他们在走廊聊天就能让他们明白很多东西。不必带孩子去游乐园，也不要在孩子要求去迪士尼乐园的时候毫不犹豫就同意。而要让孩子体会与人和睦相处的快乐、参与传统活动并与人分享的快乐。家长不加以引导，孩子很难融入这样的氛围中。除非能够帮助他们被心仪的大学录取，现在的孩子对电子产品之外的东西丝毫不感兴趣，

我的妻子黛比在孙女麦克莱恩两岁半时，第一次带她进厨房，跟她说："我们来给爸爸妈妈做杯子蛋糕吧！"我总觉得他们一起做蛋糕会是一场灾难！一会儿一定会弄得一团糟！谁来清理打扫呢？把麦克莱恩丢在一边玩电动玩具再来做蛋糕不是更轻松吗？而且黛比对于家庭整洁一向是一丝不苟的。

麦克莱恩还没加水就想搅拌钵里的面糊，把面糊弄得到处都是！不仅弄到台面上，还弄到了有凹槽的水槽里和地板上！然后又把面糊甩到了奶奶的围裙上和她自己的衣服上、脸上、头发上！简直是灾难！但我的妻子却只是耐心地站在一旁。要知道我们的三个儿子小时候捣蛋可没少被她骂。

麦克莱恩又把手伸进钵里，把面糊拍到台面上。

我离开了厨房，整个场面简直不忍直视。后来杯子蛋糕做好了，麦克莱恩的爸爸妈妈来接她时，发现女儿做了蛋糕来迎接他们！这样很棒，麦克莱恩觉得很骄傲，她的爸爸妈妈也很骄傲、很惊讶。他们一家人搂搂抱抱地走了。但这下我们家里乱透了。黛比在水槽旁清理着，一边清理一边微笑着回忆麦克莱恩的第一次烘焙经历。

现在，4岁的麦克莱恩和3岁的妹妹露西每次来我们家都要烘焙点东西，这是一个宝贵的传统。她们俩会耐心地准备、搅拌、烘焙，不会再搞得鸡飞狗跳。她们都为自己的成果感到骄傲。孩子爸还建议推出一款新点心——"宝贝自制点心"。这时我觉得我还是不要在一旁瞎操心了，这能让孩子们开心和成长。

祖辈在陪伴孩子时也有自己的诀窍，让孩子慢下来细心尝试新事物，一切都是值得的。

陪伴的珍贵

花时间陪伴孙子孙女就意味着要适应他们的兴趣爱好。不是说要给他们买任何他们喜欢的东西，给孩子买的东西越多，孩子其实也会失去越多。让孩子在游乐场玩一天，或者让孩子拿着某样玩具、电子设备玩一天，他们其实也损失了和祖辈的交流。**和祖辈共处能够帮助孩子发现自己的兴趣，并积极践行自己的兴趣。**小孩子喜欢放任自己的想象。充满智慧的老人坐到地板上和孩子一起玩新玩具，对孩子来说是很有好处的。孩子会指挥自己和老人手中的玩具，兴奋不已。

我还记得和自己的爷爷奶奶一起玩耍时的日子，他们是很简单的人，不是什么富翁，却让我对家庭传统与信仰耳濡目染。许多假期，我都去爷爷奶奶家玩，14 岁时，整个暑假都是在爷爷奶奶家度过的。我们家族自从 1841 年起就住在那里。

那附近没有商场、没有游乐园，最近的电影院有 30 公里远。那里只是一个中西部的小镇。我们吃饭都是自己准备新鲜蔬菜，比如菜豆、俄亥俄玉米。菜豆的头必须给掐掉，玉米粒也得全部剥下来。我每顿饭就负责做这件事。我剥玉米的时候，爷爷奶奶就在一旁削土豆。

我们会聊很多事情。在我困惑的时候，爷爷总是倾听我的烦恼。我聊起朋友时，他会仔细听我说每个朋友是怎么样的。然后他会突然说："这人应该是很亲近的朋友吧！"我不清楚他是怎么知道的。他没说错，当时我说的那个人确实是很要好的朋友。14岁的我也会对他谈起对高中生活未知的恐惧，这对那个年纪的孩子来说很正常。爷爷会平静地告诉我："有的事情是无法为其准备的，你只能相信自己，一切都会没问题的。事情往往会水到渠成。生活有时会不如意，但有时，你所有的努力都会有回报。是金子一定会发光的。孩子，你就是一颗金子！"这些话语对我来说意义非凡，在我的漫漫人生路上从不曾停止回响。

我们也会做些其他有意思的事情。有一个下午，隔壁的邻居鲍勃·特林德勒（Bob Trindle）说可以带爷爷和我第二天早上一起去钓鱼。他隔着我们院的围栏大声说："我们得抓点蚯蚓当鱼饵，一会儿天黑了一起抓。"他没有说具体时间，只说天黑的时候。

我从晚上7点到8点半，一直坐在围栏上，想着究竟什么时候过去。后来鲍勃终于来了，他手里拿着两根铁棍。他把铁棍插在地里，隔了接近两米的距离。两根铁棍的末端都分别连着3米长的电线，电线的另一端连着插头，插头连着延长线，延长线一直延伸到屋子里。

他说："孩子，去屋子里把电连上。"插电的时候我被电了一下，大叫了一声。

"不能光脚插，不然电会从你身上通过去，这样能电死人的！"

是鲍勃太疏忽了吗？是爷爷太疏忽了吗？不，这样的经历很棒，让我学到了重要的一课。

鲍博说："快过来看看。"很快，我看到两根铁棒之间的草地上，几十只又肥又大的虫子钻了出来。这简直就是魔法！

最好的礼物是陪伴

第二天我和爷爷一边吃早餐，一边望着窗外爷爷珍贵的鸟舍。那个鸟舍是一个袖珍的殖民建筑风格豪宅，带有百叶窗之类的。爷爷花了几个月打造这个鸟舍，他知道每一种鸟的拉丁语名，还能模仿很多鸟的叫声。拟椋鸟是一种体型较大、侵略性略强的鸟。爷爷唯独不喜欢这种鸟。每当拟椋鸟出现，就会把其他鸟吓走并抢走食物。

我透过围栏望向隔壁，想起抓虫的经历，突然想出一个办法。在邻居鲍勃的帮助下，我通过自己原创，造了一块电板。差不多3.6米长、3米宽，用电线连着一块塑料烤盘，用电灯开关来控制电板的开关。

两天后，经过精心调制的电板被放在鸟舍的地板上，电线被捆在支撑杆上穿过院子到屋里，早上我和爷爷就在屋里焦急地等待拟椋鸟出现。这个设计很棒，发热的电线之间隔得比较远，小型鸟类不可能同时碰到两根线被电。但拟椋鸟的大爪触地时，接触面积起码有5厘米宽。

小鸟们都早早地来了，警惕地吃着种子。拟椋鸟马上冲了下来，到了鸟舍上。

"打开开关。"爷爷小声说道，仿佛害怕大鸟透过玻璃窗听到他的指令。我提醒说："还不到时候，我们要耐心点。"那时我才14岁，但我毕竟是打造那台设备的人。那一刻我们百感交集，爷爷倍感骄傲。我感受到了一种前所未有的东西——热情。我坐在那儿想着，自己要如何改进这台装置。我简直就是发明家爱迪生！我的发明非常独特，以前一定没人发明过这么有用的东西。

拟椋鸟来到电网上，陷阱已经准备好了。我看了看爷爷，打开了开关，却什么都没发生。我关了又重新打开了一次，还是什么都没发生。奶奶坐在角落里望着我们，好像看两个搞恶作剧的小男孩。她正好见证了历史性的一刻，拟椋鸟踩到了两根线，被电倒在地。

大鸟使劲扑腾翅膀，非常慌张。它被电击了，没法离开。它一直扇翅膀，鸟舍的木头都被擦刮下来了，到处乱溅。

最初手工打造的柱子木头被刨下来，然后墙和屋顶也开始被破坏了。整个过程不到20秒，现在这些痕迹都还留着。爷爷珍惜的手工殖民建筑风格鸟舍花了整整2个月打造，几秒钟就被一只惊慌的拟椋鸟摧毁了。而这只大鸟的惊慌还是我造成的。

大鸟虽受了惊吓，但毫发无损地飞走了。鸟舍只剩废墟一片。奶奶睁大眼睛看着这一切，等着爷爷说话。但爷爷什么也没说。他的脸色并不好看。但他深吸一口气之后，突然开始大笑！他用手拍着桌子，难以控制自己的笑声，笑得都快不能呼吸了。他一下指着鸟舍，又一下指着我。然后又开始接着笑。奶奶从来没见过爷爷笑得这么难以自控。这是我人生中最棒的一天。

我那天这么开心，是因为爷爷给了我最好的礼物——他的陪伴。这是一种奢侈。从这份陪伴中，我们收获了发现、热情、失败、思考、挫折、友情、耐心、成功、智慧和爱。这一切都是无法从电子游戏中获得的。

Entitlemania

第三部分

父母不该做什么

第八章
不要偷走让孩子感到自豪的人生体验

史蒂夫（Steve）坐在桌前思考着，为什么在对女儿的教育上，明明意图是好的，结果却总是背离最初的方向。答案其实很简单。他的女儿凯特（Kate）是个完美的孩子。她是三个孩子中年纪最大的，成绩优异、舞蹈水平高超、尊重父母长辈。简而言之，她的父亲为她感到十分骄傲。在凯特16岁生日时，史蒂夫给她买了辆新车当礼物。虽然不是宝马这么好的车，但这辆奥迪A4的车轮是铬合金的，而且是定制的，看起来就像一个年轻时髦的明星开的车。

凯特的妈妈史黛西（Stacy）没有和史蒂夫过多争论这个问题，因为凯特配得上这样的生日礼物。妈妈也很为女儿感到骄傲。凯特的弟弟妹妹很羡慕姐姐，凯特并没有想过父母会给自己买车。弟弟妹妹本也没料到家里会给姐姐买车，但等他们到年纪，应该也会期待父母给自己买车了。

凯特自己其实倒没多想要车。她的好几个朋友都有车，不管是放学去玩、去海滩，还是周六的排球训练，总有人愿意开车载她。

凯特的父母还记得他们16岁的时候想要得到一辆车是多么困难。史蒂夫12岁起就一直梦想着20岁时要拥有一辆自己的车。史黛西16岁时也从未想过拥有一辆自己的车，因为家里的经济情况不允许。她都是和姐姐弟弟一起共用妈妈那辆老旧的旅行车。那辆车开了太久，脏兮兮的，史黛西还记得在载朋友去橄榄球比赛之前都必须好好把车子洗一遍。那辆车闻起来就跟他们家里那条同样脏兮兮的狗一样，有时史黛西的弟弟会把浸满汗渍、沾满泥土的球衣放到后备厢里，散发出恶臭。哪怕在寒冷的冬天，她搭车的朋友们都必须把窗子摇下来，把臭味给吹出去。但这些都没什么，史黛西从没觉得有什么不能忍受的，也没什么好丢人的。毕竟他们的车子不是用来显摆的，是用来开的，基本功能都有，简简单单的。

史蒂夫读书时就发现好多邻居的车都扔在车库里发霉。他辛辛苦苦存了2000美元，16岁时找邻居买了辆没轮子的1965福特野马。在自己的车库里捣鼓了几个小时，因为没做作业还和父母发生了一番争执，他最终完成了自己的"坐骑"的拼装工作。这辆车现在都还保留着当时的改装痕迹。学校里没人笑话史蒂夫的车，毕竟有车的人都能搭上别人一程，只要给上几块钱油费就行了。史蒂夫的一个好朋友几个月之后帮他喷了漆，喷得并不完美，但有辆车还是让人脸上有光。史蒂夫在买车、改车的过程中收获颇丰。他读大学的时候把车卖了，但他一直都希望自己当初没卖。如今他愿意把自己的宝马530i卖掉换回当年的第一辆车。

史蒂夫和史黛西觉得买这辆车为凯特省了不少他们自己当年的麻烦。他们觉得凯特每天早上醒来都能看到车库里停着一辆她自己的奥迪，一定会心存感激。史蒂夫觉得凯特一定会为这辆车自豪不已，就像他自己当初珍惜自己的爱车一样。史黛西则觉得任何孩子得到一辆干干净净的新车都会开心得不得了。而且这车子还有轮子，不需要什么改装，凯特肯定非常喜欢这车。

自豪感是要努力争取的

史蒂夫和史黛西哪儿错了呢？骄傲的经历和感受是无法传递的。自豪总是源于个人的不懈努力，尤其是因为这种努力并不总能带来成功，才显得尤为珍贵。他们给凯特买的车子和当年他们自己用车的经历是完全不同的。凯特并没有为了获得这辆车努力争取过。其实还不如说，史蒂夫和史黛西是在奖励自己，养育了一个优秀的女儿。这有点像是一场网球混双比赛，球网的一边是史蒂夫和史黛西，另一边是其他父母（也可以说另一边什么人也没有）。比赛开始！史蒂夫和史黛西获胜！

凯特不是不懂感激的孩子。但对于这辆车，她并没有像父母设想的那么感激。为什么呢？因为这只是一辆车罢了，不管新车还是旧车，对凯特来说都一样。但史蒂夫和史黛西却把这辆车看得很重。要是他们勒紧裤腰带，宝马也买得起，但他们不想把凯特宠坏了，害怕她得到新车之后就对父母有了更高的期待和要求。但拜托呀，凯特本来就不是个对物质有什么要求的孩子。凯特见到车说的第一句话是："天啊，我还从没想过要一辆新车呢！"她根本就不在乎这辆车是什么品牌的，她拿到车也没有开车和一帮富裕人家的孩子到处跑。她并不在乎这辆车是什么样子的。

娇惯是一种犯罪，孩子就是受害者。有受害者就一定有加害者，加害者是谁呢？那就是过于娇惯孩子的父母。这样的父母就像是偷了东西第二天就忘的小偷。有如此严重吗？父母犯了什么罪过？这样的父母的罪就是偷走了孩子的人生体验，那些让孩子感到自豪的人生体验。

凯特没有把自己的第一辆车保养得像爸爸妈妈当年那么认真，这完全在爸妈意料之外。她怎么会如此爱惜这辆车呢？这车不是她努力争取、为其感到自豪的东西。

学校的其他孩子都在偷偷议论。他们都在说："凯特的爸爸妈妈给她买了辆新车呢！"还有谁会对这个事情特别在意呢？那就是其他孩子的家长！这简直是父母之间的一场比拼。史蒂夫和史黛西曾对亲近的朋友说："鲍勃（Bob）和谢莉（Shelly）给安吉拉（Angela）买了辆奔驰，你能想象吗？他们到底在想什么？简直有点太过了！"其实这辆车对安吉拉来说，就如同凯特的奥迪A4对凯特的意义一样，孩子根本没有那么为这辆车感到骄傲自豪。这是场父母的鏖战。一旦比拼开始，什么时候才会结束呢？在这场物质较量中，凯特已经落后于安吉拉了，是不是要为凯特的毕业舞会专门请一个设计师设计礼服、再租一辆豪华轿车呢？

史蒂夫和史黛西对他们的女儿抱怨着："你根本不懂感激，不感激我们为你做的事情。我们自己年轻的时候都没有自己的新车！我们那会儿的车又臭又旧！"

凯特没有达到爸爸妈妈的期待。她心里会想："为什么他们觉得我一定要感恩戴德呢？不是买给我用的吗？如果是这样，他们为什么一开始要给我买这个车呢？"

答案很简单，**父母不可能把自己经历过的自豪感强加到孩子身上。他们需要自己找到这种感觉。**也许你的儿子获得了四枚奖牌，或者花了几个小时在学校操场上练习就能熟练地玩滑板，这些事情可能才是真正让他感到骄傲的事情。也许你17岁的女儿为自己人鱼线上巴掌大的文身感到自豪，不管你怎么制止，她也不听。但孩子总会找到自己的事情，设立自己的目标，这样他们才能掌握自己的人生。

人生没有捷径。如果父母想要影响自己的孩子，就必须身体力行。以身作则是最好的引导方法。如果父母自身的行为对自己有正面效应，孩子也会学习。如果父母的行为对自身产生了负面效果，孩子就会避免类似行为。父母的最佳做法就是起好带头作用，保证沟通顺畅。要对孩子的想法感兴趣，接受孩子的行为和选择——即使父母不喜欢。父母怎么说的并没有那么重要，重要的是孩子需要从父母的错误中学习。记住，自豪感是努力争取来的，不是父母说两句就能拥有的！

停止娇惯

丹（Dan）19 岁了，他还住在父母家里。他的父母罗伯（Robb）和帕蒂（Patty）对他有求必应。丹读大学的第一年就觉得大学不适合自己，太累了。他既不认真听课，也不做功课，还常常翘课。他的老师对他印象很差。

在同样的父母的羽翼下成长，丹的姐姐却吸收了很多好的养分。她总是能做正确的事。她已经结婚了，有三个孩子。不过家庭聚餐时，全家人都要根据丹的安排来迁就他，丹随时和朋友出去玩，要不就是和刚认识的什么人一起搞什么生意。往往一拨人之间就开那么两三次会，美其名曰开会，每次其实都是喝酒享乐。丹偶尔也会找一份正儿八经的工作，但一般干不了几个月。他总是很快就觉得新工作配不上他超强的洞察力。罗伯和帕蒂都是很好心的父母，总是乐于倾听。丹总是很晚才回家吃饭，罗伯和帕蒂都会很耐心地听他说他的新"点子"，号称有获得巨大成功的潜力。然后帕蒂会收拾桌子、洗碗，罗伯和丹父子俩去客厅看电视。丹让父母给予他经济支持，一直持续到他的"点子"付诸现实。

丹自己不知道的是，他引起了罗伯和帕蒂的意见不合。夫妻俩都非常希望儿子成功，但他们对如何帮助儿子成功有很大的分歧。罗伯觉得丹需要时间来拓展实践他自己的想法。毕竟比尔·盖茨也从哈佛辍学了，还一手打造了微软，那可是世界上最成功的主意。罗伯也认为帕蒂对儿子过于唠叨，管得太多，弄得儿子有些软弱、懒惰，但帕蒂却希望丹能够找一份真正的工作并且坚持下去。她希望丹能从家里搬出去。他们对教育有不同看法，所以产生了冲突。

最终帕蒂说服了罗伯，罗伯给丹一些钱，让他能找个地方住，等他"站稳脚跟"就不再给他钱了。一切看起来都还好，直到从这算起的6个月之后，丹仍然没有找到工作。丹想说服罗伯和帕蒂看在亲情的份上让他搬回去住几个月。帕蒂很坚决地回绝了，罗伯却说允许丹回家住3个月。

丹同意了。他决定加入海军陆战队。帕蒂很害怕。她的儿子可能会被送去战事吃紧的中东。

这个问题搁置了6个月之后，帕蒂还是妥协了，丹参了军，被送到新兵训练营。丹在军队里表现得很聪明。他选了技术训练，所以不必上前线。他后来在物流规划上表现非常出色，很快因为帮助军队向地面部队提供补给的能力受到褒奖。

罗伯和帕蒂仍然很担心，他们每晚都会看伊拉克的新闻。他们每天都害怕丹活不过那一天。他们太焦虑了，不得不慢慢适应，调整自己的心态。

但丹却非常快乐。他终于学会了专注，他学会了生存技能，他很会说话，最后坐上了自己想坐的位置。他还和一个住在北卡罗来纳州布拉格堡的女孩相爱了。在国外的两年，他和罗伯、帕蒂都是通过网络视频通话，他回来后把新娘带回了家。丹夫妻俩决定搬去菲尼克斯，去技术公司工作，开始平民生活。他离开军队时成就颇多，口碑甚好，他自己也感到非常骄傲。

罗伯和帕蒂也感到很骄傲。他们简直不敢相信儿子如此优秀，随时都在谈起自己的儿子。很有意思不是吗？对孩子很失望的父母如果发现孩子能掌握人生的主动，就会万分骄傲。在这个故事中，这种骄傲是非常正当合理的。

丹租了一辆卡车准备去菲尼克斯。他离开时，罗伯搂着自己的儿子和儿媳妇说："儿子，要是你们搬过去发现房屋有什么额外要付的费用，就给妈妈打电话，她不会让你住不进自己的新家的！不要太浪费钱了。"

罗伯还说："租卡车的钱，我来给你们付吧。我和妈妈都很为你感到骄傲。你的新娘很可爱，人很好。我们就为你们做这点小事吧。"丹把所有东西都放上了卡车，罗伯和帕蒂手挽手站在一旁。

丹说："谢谢，长官……不好意思说习惯了。谢谢爸爸。我们很快还会回来的，不过是回来看你们，不是回来长留的！"大家都开心地笑了。

丹和妻子跳上车子，丹又说："真的谢谢了爸爸妈妈，我爱你们。"

一个月以后，罗伯收到了信用卡账单。帕蒂还记得当时的情形，他能听见罗伯在家里的办公室里怒吼："帕蒂！咱们干吗答应要给他付搬过去的钱！这账单完全就是要把一个房子重新豪华装修一遍的数！"罗伯怒不可遏，帕蒂知道还是什么都别说最好。

"这臭小子简直是从我这儿抢钱。他什么都没有学到。就这样了，他自己过他的鬼生活去吧。他完全不懂什么叫自强！我以后再也不会跟这个衣来伸手的小偷说话。"

罗伯没有料到丹对他所说的"额外费用"的理解如此宽泛。丹夫妻俩让帕蒂支付的东西包括罗伯答应的卡车费用，还有油费、路上的饭钱、客厅的新沙发、一台冰箱，以及从高档家具店买的一套双人沙发。他们买的所有餐具也是让帕蒂和罗伯出钱。所有费用加起来有 8000 美元。但有意思的是，罗伯并没有对帕蒂生气很久，因为如果丹是直接找他付这笔钱，他也会同意的。老习惯是很难改掉的！

丹很冷静直接地和罗伯说："爸爸，我们现在没有现金和信用卡，所以用了你们的钱。我们会很快还上这些钱的。"

半年以后，丹把钱还清了。罗伯和帕蒂总算发现，一直以来都是他们的错。一方面来说，丹没有拒绝罗伯的好意。另一方面来说，罗伯之前已经为丹提供过数不清的帮助了。现在又有什么不一样呢？区别在于这次丹并没有主动求救，如果罗伯不开口，丹和妻子也会自己想办法。他们并不需要帮助，但罗伯开口提供帮助，丹并不知道拒绝会带来自豪感，因为在此之前他从未体会真正的经济独立带来的自豪感。如果帕蒂几年前没有要求丹从家里搬出去，也许丹仍在等着天上掉馅饼，变成一个游手好闲的骗子。

罗伯和帕蒂几经周折才终于了解，自豪感是无法直接转移给孩子的。**作为父母最骄傲的莫过于见证孩子努力获得他们自己的自豪感。**父母有时反而会是阻碍，对孩子有求必应，剥夺孩子独自争取的机会。爱孩子，就要放手让孩子自己去奋斗、感受。

第九章
不要剥夺孩子体验生活的机会

父母对孩子的娇惯剥夺了孩子体验的机会，让孩子无法找到其热情所在，无法磨炼自己的能力与技巧。这样的保护可能会避免孩子的失败，但也让孩子无法成功。简而言之，这样的父母偷走了孩子的机会，既自私又懒惰。

不要再宠孩子啦！不要再为孩子提供必要之外的物质给予。18 岁的孩子并不需要多么炫酷的新车。这样的礼物是奢侈品，而非必需品。不要对孩子有求必应，要帮助孩子琢磨如何努力追求自己想要的东西。如果孩子想要一个新的电子游戏设备，父母需要让他付出努力来获得。让孩子明白，没有付出就没有收获，没有付出就没有成功。换句话说，让孩子自己出力买下他 / 她喜欢的东西！

我们要明白，世上失败比成功多，失败为我们指引成功的方向，塑造我们的人格与品性。多聊聊孩子的失败及失败的原因，而不是敷衍地说："下次就会成功啦。"

自律不是天生的

冒险、成功、失败的过程教给人坚韧与自信。自律（Discipline）一词的拉丁文原文 Disciplina，意为对人的系统教育。信徒（Disciple）的意思则是愿意接受经验丰富者教导的人。Disciplina 是罗马神话中一个女神的名字，这位女神便代表着自律。Disciplina 一词指的是自制、教育、训练、知识、规律的生活。Disciplina 女神象征着严格、忠实、节俭、活力、行动。[4]

自律是一项习得的技能，并非天生便有。我们能够学会自律，并渐渐进步。自律是意志力的体现，是在行动方向与欲望相冲突时，克制冲动的根基。[5]自律很难，在行动过程中克制欲望就像将倔强的马儿拉向另一个方向一样。内心的冲动会不断拖着我们远离自己的目标。但在这个克服的过程中，我们也会培养出越来越强的辨识能力。

我是一个狂热的冲浪爱好者，一年四季，我都会坚持每周冲浪三次。南奥兰治的海浪有一米多高。最热的时候能到40度，这种温度在南加州已经是一场灾难了。我有时会沿着太平洋海岸公路往南，在德纳角的一家有名的甜甜圈店歇歇脚。那儿的老板是个韩国人，他每天从凌晨3点就开始做生意了，每天都开。我每次去都点个小松饼，点杯脱因咖啡，总共2美元。

他们这么多年来一直在那儿做生意，服务和口味都很稳定。所有冲浪爱好者都知道那家店。

每次开车离开，我都会想，如果一个人不愿意日日夜夜地工作、精打细算，就没法经营任何生意。托尼（Tony）和尼塔（Nita）就是如此经营生意的。他们1971年从韩国来美国，1979年终于存够了钱开了一家甜甜圈店，两人都有着奋斗一生的精神，从不抱怨。他们的动力来自希望，他们希望女儿克里斯汀（Christine）和格雷格（Greg）能够有一个真正的自己的家，他们也相信只要努力工作，就能过上更好的生活。很多老主顾都不知道，他们俩在头6年都一直在存钱买房子，一家人就住在甜甜圈店后面的屋子里。卫生间需要在店里的厨房里临时搭，他们洗澡刷牙如厕都在那儿。每天最早的客人来了之后又很快恢复原样，每天都有客人早早地来买刚出炉的甜甜圈。

尼塔是个美人，但她很少笑。我常逗她笑，一般都是跟托尼打趣说他娶了个漂亮性感的老婆。我知道我每次离开时，她脸上的笑容就会消失，回到劳累的严肃生活中。缺少欢乐的环境让孩子成熟得较早，他们一直都不是特别开心。慢慢地，15年过去了。

有一天天刚亮，我就进了店铺，看见夫妇俩脸上挂着微笑，非常高兴的样子。

这是怎么回事？我有点不明白怎么了。托尼跟我打了招呼，我实在忍不住问了他："怎么今早大家都这么开心？"他们用带韩国口音的英文高声说道："我女儿被加州大学洛杉矶分校录取了！"原来如此，父母的一项重要人生使命完成了。2年后，他们的儿子又被加州大学伯克利分校录取了。这小小的甜甜圈店还真是卧虎藏龙呀!

再后来的 4 年,一切看起来都很好。有一天去冲浪时,我又走进了甜甜圈店,尼塔在柜台边看起来很郁闷,心事重重的样子。她仍然很美,不过脸上又添了几道皱纹。她新添的皱纹是愁眉苦脸的皱纹,不是笑出来的皱纹,这使她看起来衰老了些。

她知道我是个教育作家,就过来向我讨建议。带着浓浓的韩国口音,尼塔告诉我:"我的两个孩子太懒了,"她羞愧地往下看,"他们不喜欢工作。"她说她和托尼一切都给了孩子,为他们牺牲很大,就为了儿女能过上更好的生活。他们来了 25 年了,女儿从洛杉矶大学加州分校毕业了,但那是爸爸妈妈给她铺就的道路;儿子正在考虑辍学,因为他不知道自己想做什么。托尼和尼塔很伤心。尼塔坦白说,她觉得甜甜圈店就像一个监狱,这些年的付出都不被认可,她觉得很心里很苦。

有时面对这种谈话中的沉默,最好的办法就是提建议。"如果还房贷太累,就卖了租房嘛"或者"既然和他 / 她在一起那么艰难,就干脆离婚嘛",诸如此类的建议。正常人对这样的提议都不可能马上想清楚,但提这样的建议也没坏处。我也有话直说了:"让他们到店里来工作,经济上不要再支持他们了。"我的建议是发自内心的,**父母应该让孩子体会到厌恶某事的感受,这样他们才能真正学会珍惜其他选项。**

两周以后,7 月份,我又去甜甜圈店买咖啡,克里斯汀和格雷格自进入高中后第一次站在柜台后面递甜甜圈。他们看起来就跟在劳改一样,被"关"在柜台后面劳动。我走了过去。

"克里斯汀,恭喜你毕业,很了不起! 格雷格,你明年就大四了吗?

你们准备做什么呢？"两个孩子都没反应过来，他们看起来就像是在受罚一样。终于，克里斯汀开始抱怨起来："反正只要不在甜甜圈店打工，让我干吗都行！"格雷格点点头同意姐姐的说法。我看了眼他们的爸爸妈妈。

托尼和尼塔流下了眼泪，这是复杂的泪水，就像去墓园看望战友的老兵。他们的泪水里有满意、妥协，好像他们所受的打击比儿女更大。他们的泪水好似是在对我说："谢谢。"

又过了一个月，情况已经大有改观。尼塔和托尼觉得他们不该再对孩子管得太多，不管克里斯汀和格雷格选择做什么，他们都应该为其孩子的选择感到骄傲。整个情形的关键，就是要让孩子为自己的人生负责。

12月的一个早上，我去店里买甜甜圈，托尼和尼塔的孩子们已经去了新的工作岗位。他们最初并不知道自己想做什么，但他们有了动力去找工作。尼塔把甜甜圈放进粉色的硬纸盒里，盖上盖子，在玻璃柜台上把盒子滑到我面前。她说："免费。我们的孩子变好了！"她和托尼又开始询问下一位客人，虽然他们没有明显地笑，但他们的脸上挂着轻松和愉悦。他们好像只知道勤劳地工作。但对很多人来说，勤劳工作就足够了。

化失败为动力

　　我们总是靠自己的本能去理解学习，**从自己的缺点和失败中学习。最难过的坎往往最有教育意义**。但看到自己的孩子陷入同样的麻烦里时，父母总会忍不住插手。我们愿意牺牲他们的体验机会来缓解自己的紧张情绪，害怕同样的错误再次出现。

　　应对方法已经反反复复重复了 2000 年了："苦难是值得的，因为苦难使我们学会忍耐，品性在忍耐中塑造，给予我们希望。"[6] 这种希望比我们的奋斗本身更伟大。我们有希望以自己的能力成功、生存，希望是人类最了不起的武器，给我们带来平和与信心。通过耐心的付出，一切都会向好的方向发展。父母不让孩子经历磨难，也就关上了孩子的学习之门。过分帮助孩子，就剥夺了他们本该自己争取的奖赏，这相当于帮助他们作弊。

　　我 12 岁的时候进入了初中。我那时个子不高、长得又瘦，橄榄球或者篮球这种需要协调性的运动玩得也很烂。但我爸爸曾是高中校队的四分卫，英俊潇洒，备受女孩们的青睐。所以我也去校队试了试。校队几乎都是 8 年级生，所以我们几个 7 年级的被叫到二队去试试，这在意料之内。但我没想到教练的眼光很准，一眼就看出我一窍不通，既不能传、接、跑，也不会封堵和防守，我被降为替补，所以我就退出了。我只坚持了3天，总共6个小时，但这短短的6个小时却蕴藏了最重要的一课。

现在回想起这段经历，我的自尊心仍感到受伤。自那以后，我再也没参加过团体运动。后来高一我加入了学校游泳队，进了体操校队，还参加了滑雪和冲浪。但我在那么多同龄人面前所受的侮辱却永远无法弥补。

20年后的一天，我在沙滩上精准地将一颗橄榄球扔给了将近40米外的一个职业接球手，他很惊讶我的传球水平，问我是不是打过校队。我只好自嘲说自己只打过几天二队。对于我自尊心所受的伤害，我的父母从未过多关注。那么这段经历有什么意义呢？为什么我当时不重整旗鼓，争取第二年进入校队首发呢？为什么我不打四分卫呢？因为我太受伤了。我40多岁的时候，有一天和父亲坐在一起聊天，我问他为什么当年不帮我练练橄榄球，教我传球传得像他一样好。他回答说："你从来没跟我说过呀！如果你真的那么想打橄榄球，你自己会来找我练的。"

我问他："你不知道当时我觉得很屈辱吗？我现在都还很受伤。"

他的回答时至今日仍在我脑中回响："孩子，人受点挫折能变得更好。许多事情你都做得很棒，但你不可能事事都做得最好。"他告诉我，他也曾在高一的时候被校队踢出去，只能努力训练，大二才进去。"你对橄榄球的渴望不及我，所以你选择了其他自己擅长的事。相信我孩子，当时看到你被降到替补，我也很难过，但我知道这种伤痛会从内在去塑造你。我相信经历过那次以后，你会在其他领域表现得更好。这种成长让我感到很兴奋。"

我告诉他："爸爸，你不知道我有多受伤。"

他说："我知道。"除此之外什么都没有说，话题没有再继续。我们之后再没聊过这件事。他是对的。那件事仍激励着我在最坏的情况下坚持下去。正是因为我努力克服当年的羞辱，我才能相信自己能克服更大的困难。生活有时是痛苦的，我们活着就是要找到这些痛苦的意义。

许多世界上最成功的人，都克服了最艰难的障碍。当你严格对待孩子时，一定不要忘了这一点。

苦难带来力量

西奥多·罗斯福（Theodore Roosevelt）在 26 岁时已经克服了许多困难。他年轻时就患有严重的哮喘，但通过坚持训练，他慢慢克服了哮喘带来的巨大障碍。虽然他的父亲是个很成功的人，但他完全是靠自己的打拼出人头地的。他小时候曾在露营时被另外两个孩子狠狠揍了一顿，他爸爸便教他拳击。罗斯福的爸爸痛恨残忍、拒绝懦弱、讨厌懒散、为人坦荡。

罗斯福 19 岁时，父亲就去世了。他的母亲米蒂（Mittie）自此以后一直在他的青年时期支持着他。母亲就是罗斯福的一道光，时时鼓励着他。他后来从哈佛毕业，喜欢上了写字，开始接触一些当地政府的工作。

2 月的一天，他赶回了家中妻子爱丽丝（Alice）的身边，当时爱丽丝正要产下他们的长女。女儿也取名叫爱丽丝，小爱丽丝出生于 1884 年 2 月 12 日。罗斯福的妈妈因为患了风寒正住在他们家中。但两天后的情人节，罗斯福的妈妈在凌晨 3 点于他家中去世。

他最爱的妻子爱丽丝也于 11 个小时之后，毫无征兆地被布莱特氏病夺走了生命，她因为怀孕而一直没有发现患病。[7] 罗斯福在一天之内失去了刚为他诞下一女的爱妻，以及自己的母亲。

这样一个悲痛的丈夫、父亲、儿子，要拿新生的女儿如何办是好呢？他将爱丽丝交给姐姐安娜（Anna），从苦难中吸取力量。花了两年时间才治愈心中的伤痕，再次起航。他的父母让他有了与悲剧对抗的力量，他也希望能在生命之路上重生。

如今，罗斯福的脸被雕刻在南达科他州的拉什莫尔山上，他是山上的四个总统形象之一。他先当了纽约州长，后来成为第 26 位美国总统。很少有人记得，他在 1912 年被刺客射中胸口。子弹只嵌入了他胸口的肌肉。血浸湿了衣服，但子弹是穿过厚厚的演讲稿纸才进入他的胸口，他被射中后进行了 90 分钟的演讲才去医院接受治疗。那颗子弹一直都留在他的身体里没有取出来。[8]

简而言之，罗斯福简直有取之不竭的能量，因为他的父母没有把他宠坏。他所受的教育是要忍耐。同样地，我们也应该教育孩子学会忍耐，掌握自己的命运。大胆尝试未必会带来成功，但也绝称不上失败。只有连尝试都不敢，才算是失败。

第十章
不要阻隔孩子面对真实世界的机会

父母对孩子的娇惯体现最深的地方也许你很难猜到。既不是豪华旅行，也不是奢华婚礼及父母掏钱包的蜜月之旅，而是家族生意。

我的父亲就很明白这个道理。除了小时候偶尔让我们去洗洗车，他从不允许他的四个孩子去他的经销店工作。我们每周末去洗车，洗一辆车 50 美分，汽车美容师查理（Charlie）会监督指导我们洗车（他是一个改过自新的前重罪犯）。父亲曾说："我从没见过哪个经销商把生意交给子女会有好结果的。这些人都很没有安全感，要离好几次婚，自己一无是处的孩子也被宠坏了，永远长不大！"

爸爸坚决不让自己的孩子去他的公司工作，这使我们不得不去应聘其他普通的工作，拿着普通的薪水。我记得在杰西潘尼打工时，我才 16 岁，服装装配线上的一个工人不太喜欢我，他竟然到经理那儿诬告我偷 T 恤。我才刚去一周，他们就在 50 个工人面前搜了我的身，我受了很大的侮辱。我想着，要是在爸爸的公司，我非让爸爸炒了那人不可！但在这里我办不到，我只能独自应付一起工作的人。

通过这次经历，我学会了如何与撒谎的人对质。我与一部分同事建立了良好的关系，他们知道我是值得信赖的，并保护我不受其他工人的贬损。半年以后，那个诬陷我的工人被两个警官铐上手铐从我们那儿带走了。杰西潘尼的副总裁叫我去他在总部的办公室，我感到有些慌张。但他握着我的手向我道歉，为半年前的诬陷和搜身表达了歉意。他给我加了工资，还说我在公司前途光明。多么有教育意义的经历呀！如果我去爸爸的经销店工作，就无法获得这样的经历。

由于父亲言传身教的努力态度，我们四个孩子都顺利从大学毕业了。我们都有研究生学历，而且有两个是博士生。父亲为我们这一生打好了基础，不管是心智上还是经济上，都让我们做好了准备。后来父亲公司的一个经理犯了一个致命的错误，我们能从父亲那里继承的财产几乎没有了，但我们早已学会独立生活，我们仍能在人生道路上稳稳当当地前进，并未受影响。我们早早就开始独立工作，我们有了自己的家庭，独立的羽翼渐丰。我们用自己的收入来维持自己的生活方式。我的哥哥是一个律师，姐姐是个老师，弟弟是个销售员，我们都过着自力更生的生活。

过了 20 年，我们四个的家庭都完好如初，有着令人尊敬的职业或者生意（生意同样没有让其他姊妹参与），我们的孩子也都从大学毕业了，两个获得了博士学位，还有三个硕士，也都在靠自己独立生活。我的父亲让我们学会独立。我们从小就过着朴素的生活，父亲教会我们自己追求安全感。他从不允许我们享受一些我们无法靠自己过上的生活。**爸爸教会我们要对自己拥有的东西感到满足。**

我希望有更多父母能明白这些道理。让孩子进入家族企业的父母常常怪罪孩子不懂事，觉得孩子把一切都理所当然地接受了。但恰恰是父母应该为这一点负起责任。如果父母不加思考就雇佣自己的孩子，那过错当然是父母的。相当于父母邀请孩子参加一场晚宴，却没有教给孩子必要的礼节，然后又怪孩子就餐时把胳膊放在了桌子上。

让孩子接触真正的世界

父母总是很难认识到，雇佣自己的孩子其实就是想确保孩子能够"成功"。但这些父母却恰恰使得孩子无法接触到真正的世界，不明白生意、管理究竟是什么样子的。但他们又何必了解呢？在父母公司工作的人永远都不必了解什么真实世界，不是吗？

如果把一只幼狮从残酷的自然环境中带走，把它关起来，不准它杀猎物吃，使它的自然本能变得迟钝，只给它吃准备好的食物，拔去它的尖牙，减掉它的利爪，让它生活在舒服安稳的环境里。那么这只被驯服的狮子势必永远也无法离开家。如果让它回归自然，它能够生存吗？

只要看起来像狮子，叫声像狮子，人们就会把它当成狮子。让孩子当企业副总，给孩子一辆高档轿车，让孩子有权冲员工怒吼，这样子并不能创造出一个企业家，只是多了一个无法辞退的员工，往父母的动物园里关进一只新的"狮子"。而且请倍加小心，孩子的本能只是处于休眠，并没有消失。如果被刺激了，他们仍会像狮子一样露出利齿，等到父母发现与孩子的关系很扭曲，而且不被孩子尊重时，已经为时已晚了。这样的结果令人痛苦，使父母陷入孤独与隔绝之中。

在一个家族企业中建立两代人之间的健康关系需要技巧与方法。最理想的过程就是先让孩子到别处去找寻自己的兴趣与事业，他们会感谢父母这样的做法的。如果这之后孩子决定为父母工作，再给孩子他们的能力配得上的工作，这样也许行得通。

约翰（John）14岁的时候找了一份建筑工作，为当地机场的小型私人飞机造飞机库的木结构外框架。很快他成了监工，后来又在一个大的建筑上修民住房。在25岁以前，他就已经拥有了自己的建筑框架公司，这家公司在60年代迅速地横扫南加州。他开始发展自己的项目，到了40岁时，他已经成了百万富翁，在州内拥有许多购物中心，许多有钱人也想往他的公司投资。

他的公司叫范式发展公司（Paradigm Development）。他拥有了名声、技术、财富、金融关系网。约翰的儿子小约翰（John Jr.）和女儿玛丽（Marie）都知道自己总有一天会到爸爸的公司工作，他们在青少年时期就会在周末去公司帮忙。大家都知道他们是约翰的孩子。他们俩工作也很认真，懂得尊重别人。照理说大家应该很喜欢他们，但情况并非如此。没人喜欢老板的孩子，尤其是老板的孩子在公司位置比较高的话。一家公司的雇员都是通过面试和试用期才得到自己的工作，但老板的孩子不用。哪怕他们是一步步从基本岗位爬上去的，也难以得到认可。将军的儿子也许参加过新兵训练营，但他还是将军的儿子。

小约翰和玛丽都去读了大学，这是约翰提出的要求，想来公司工作就先去读大学。他本人只读完了高中，但他的孩子应该接受更好的教育。其实约翰事事都做得很好，但他总是保持谦逊。

公司的员工都很尊敬约翰，这份尊敬是他自己反复努力获得的。约翰其实并不关心员工怎么看他。员工们尊敬他，甚至有点怕他，这就够了。他最关心的还是每个员工究竟多有效率，能力有多强。他对员工们都还不错，但大家心里都清楚，他是公司的统帅，一切都要按他说的做，不然就走人。公司就是约翰的王国，他本人则是王国的主宰。其实比起真正的家人，公司的许多老员工更像是约翰的家人。这也说得通，他们待在一起的时间是最多的，而且共同度过了公司在经济上最困难的时期。这种共苦的经历铸就了这家公司的气质，那些和约翰一起翻山越岭的人就是他最亲密的同志，一起冲锋陷阵的战友。

父母就是老板会产生一种矛盾。任何人都会在某些时候讨厌自己的老板，但如果爸爸就是老板，孩子怎么能在讨厌他的同时也爱他呢？要掌握父母与老板的双重角色身份，对父母来说有很大难度。他们既要处理上下属关系，又要处理与孩子的关系。这对孩子来说也极难适应，小约翰和玛丽就正身处这样的环境中。他们的家族名字在全州美名远扬，出现在县里的捐赠墙和医院建筑上。两个孩子无论出现在哪里，无须介绍别人就已经知道他们是谁。而且因为大家都知道他们在爸爸的公司工作，约翰不得不一次又一次告诉别人，小约翰和玛丽与别的员工一样是一步步靠自己的努力升职的。但大家都知道这不是实话。没有家族关系的人才需要慢慢在公司的职位梯阶上一步步向上走，老板的孩子来到公司则是搭乘电梯上升。而他们的父母亲自选好了电梯要到的楼层，决定可以跳过哪几层楼。何必将自己的孩子置于这种境地呢？

放弃对孩子的掌控

　　小约翰和玛丽最开始在会计部门和销售部门做最初级的工作，他们干得很不错。他们的直属上司是一个在公司干了很多年的员工。当时约翰还忙着把公司做大，没有时间过问孩子在工作上取得的进步。他只会时不时问一问部门主管两个孩子的工作情况。一切都没什么问题，孩子仍是孩子，他们偶尔会在休息时间休息得稍微久一点，但总体上没有出格。约翰允许部门主管对他的孩子严格一些，他本人从小就明白工作必须要严格，而且也必须在严格的监督下，才能算完成在职培训。

　　在小约翰和玛丽大学毕业时，事情发生了变化。他们俩都读的商科，约翰认为要适应公司的管理，商科是最适合的。但两个年轻人到了大学以后发现了自己的另一面。他们是有钱人家的孩子，靠着这一点，很快就融入了大学的环境中。两个人都发现自己的名字带来了许多特权，所有人都围着他们转，他们在学校有了很大的名气。

　　小约翰大学毕业以后回到公司，约翰给了他安排的职位是以前公司没有的——首席运营官。约翰仍是公司的拥有者和首席执行官。这样做很聪明，约翰不必炒掉任何人或者替换任何人的职位。其他员工都不是很明白首席运营官到底是做什么的，所以没有感到什么威胁。玛丽毕业以后，也得到了一个以前公司没有的职位。但玛丽的工作职责包括监督会计工作，她在这个位置上能很快熟悉应付款、应收账款、利润、损失、资产和债务。对玛丽来说，刚接触这个职位需要付出很多时间，她几乎没了自己的私人时间。但小约翰却和父亲一起出差、一起吃午饭，还像约翰一样打高尔夫，而且他俩的办公室也是挨着的。约翰多年的行政助理同时也为小约翰做事，这个助理在公司已经待了 24 年了。约翰常夸耀自己的儿子有一天会成为总裁，但他却从没有谈过公司的所有权。约翰的公司是约翰本人不可分离的一部分，他本人持有的股票是不可能被撼动的，那是他的安身立命之本。

过了 5 年，玛丽恋爱了，她嫁给了一个成功的律师，做了一名全职妈妈。她很幸运。小约翰是当地最抢手的钻石王老五，追求他的女人一个比一个猛烈。他自己没觉得这些女人有多大区别，最终布列塔尼（Brittany）成了赢家，人们都在议论她是否是贪图钱财才选择了小约翰。几个月以后，两人举办了盛大的婚礼，在公司帮助下买了套房子，自己买了两辆跑车。

约翰的妻子安娜（Anna）尽了最大的努力与布列塔尼相处，但婆媳关系的发展从一开始就不太顺利。布列塔尼不像安娜一样愿意为家庭做牺牲、懂得适度。布列塔尼不懂什么叫节制，只要她想要什么东西，就一定要马上得到。这种性格差别使得安娜和布列塔尼的关系很紧张。安娜让约翰去跟儿子谈谈儿媳妇的事情。这样做使事态恶化了。布列塔尼开始在小约翰面前诋毁婆婆。

她问小约翰："你什么时候才能拿到股份？"还抱怨说："咱们就没什么保底的东西吗？你爸随时都可能把你炒掉的呀！"

这之后的很多年，婆媳关系、夫妻关系、父子关系都很不理想。后来又有了孩子，孩子直接成了布列塔尼暗中较劲的秘密武器，婆婆只能对她客客气气的。

而玛丽则过着平淡安稳的日子，她和父母、哥哥、家人的关系都很好。但到了约翰开始考虑给出一些股份的时候，情况变了。小约翰坚持认为自己应该掌握公司大权，但玛丽并不这么想。诚然，小约翰在公司工作，应该获得应有的薪水，但并不代表他应该掌握整个公司！公司所有权是家族财产的一部分，应该平分。

两个孩子都悄悄雇了律师来想办法，但都只是徒劳，约翰根本不打算完全拿出自己的股份。他之所以要假装谈这个事情，只是为了试探。而且现在的公司就像奶牛源源不断地产奶一样赚钱，根本不需要他本人过于费心。约翰年纪越来越大，他想缩减公司的规模。他本人对公司的所有权是最重要的，那是他的珍宝。

慢慢地，小约翰和玛丽都发现了一件事情，那就是约翰变得越来越沉默。实则不然，约翰此时正偷着乐呢，两个孩子为了联手对付自己，渐渐相处融洽起来。这都在约翰的掌控之中。

布列塔尼无法忍受这样的环境，和小约翰离了婚。她雇了最臭名昭著的离婚律师。她和小约翰的三个孩子以后见爷爷奶奶的次数减少了。玛丽的孩子因为住得很近，所以一直和外公外婆很亲近。妈妈安娜常常向小约翰抱怨，说他应该多让孩子参与到家族的事情里，但小约翰一直不太上心。

过了3年，小约翰和唐娜（Donna）结婚了，两人都是二婚，唐娜有两个10多岁的儿子，都是和前夫生的。她的孩子不是小约翰的儿子，他们不可能参与到家族生意里。唐娜觉得能够过上经济稳定的生活就很满意了，约翰常把唐娜两个儿子的名字搞反，他们对他来说不重要。

尽管针对公司未来控制权的事情已经开了无数次会议了，小约翰还是无法摆脱父亲的阴影。他已经47岁了，非常急切地想要争取自己的未来，约翰随时都是可以把他炒掉的，一切权力都还在约翰手中。小约翰感到自己就像一颗棋子一样。玛丽也常常向约翰抱怨，担心股份不能公平公正地分给子女。玛丽的丈夫是律师，他知道万一约翰撒手人寰要怎么办。但现在谁都不敢公开说这种事情。家族生意还是在运作着。

小约翰也一直在和律师沟通，希望影响约翰的决定。约翰享受着如此多的关注。在这个年纪，他没有因为生意疲于奔命，而是应付希望他早点退休的儿女。所有的话语、沉默都在激起暗中涌动的波澜。**约翰将所有人都困在他编织的大网里，公司就像他的棋盘，子女就如同棋子，游戏按他的规则进行。**

小约翰常常和唐娜聊起退出生意场。他根本不想要这些东西。他开始掉头发，开始感到时时刻刻都处于紧绷的状态。但不过这样的生活，他要做什么呢？他应该去为谁做事情呢？给其他人的公司或者大企业工作会很不同吗？他能接受收入减少吗？他现在要养孩子，要付布列塔尼赡养费。答案非常清楚，他别无他法，他已经被将死了。

紧握的权力

　　约翰最终有了一个计划，他准备让两个孩子各买公司 24.5% 的股份。这样他还是能够保留控制权，但希望或多或少能够安抚两个孩子。他这么做了，而且在 5 五年之内确实风平浪静。约翰在公司的活动越来越少，他年纪大了，开始渐渐放松。小约翰每天都去公司，玛丽只参加董事会，她因为 24.5% 的股份也一直有分红。小约翰一直以来都觉得自己被欺骗了，在一个下雨的周一，一切都在董事会上爆发了。约翰已经让小约翰主持会议很久了，那天也不例外。当时公司总部的会议室里一共有 12 个人。

　　除了公司的管理者，安娜、玛丽以及家庭律师都在场。会议进行到一半，小约翰提出了他的想法，他希望父亲约翰仍然保留董事长的位置，但其实在家族生意里，董事长这个名号比起实际拥有者来说，并没有太多意义。小约翰还提出自己应该接替父亲成为首席执行官。很显然，小约翰在会议前早已为这一刻做好了准备，还和妻子一起排练过。

　　约翰突然说："等我死了再说吧！"他也许觉得这是小约翰的玩笑，但这并不是玩笑。

　　小约翰说："爸爸，我是认真的。我为公司付出这么久，是时候得到认可了。"

玛丽马上意识到事态的变化——小约翰是想抢占先机，今天抢职位，明天就会夺股份。她说："你不觉得这样太冷酷了吗，哥哥？"她又望了望父亲约翰说："这是爸爸的公司，不是你的。你是要明抢吗？"

小约翰给出了致命一击："爸爸，你现在的决定越来越糟糕了，很多重要的会议你也不参加，如果你仍然占着位置不让我施展的话，公司就没法盈利了！"

约翰反问道："我的决定糟糕？"仿佛他只听到了这句话一样。他说："要不是我辛辛苦苦一手打造的这个公司，还给你职位，你什么决定也做不了。"整个房间都沉寂了下来。不是家族成员的与会者感到尴尬万分，他们知道要发生什么。约翰指着安娜接着说："你妈就坐在这儿，你看见了吧？在我得到第一份工作之前，她就一直和我在一起，在建立公司的时候一直帮助我，在我的工作上也从始至终地支持我。我选择了你妈妈，这可是个很好的婚姻决定！"约翰停顿了一下又接着说："你要谈糟糕的决定吗？你自己呢？你的第一个老婆屁都不值，第二个也没好到哪儿去，更别提那两个又懒又贪的小兔崽子！"

也许是上了年纪，约翰没有像年轻时一样克制自己。他口不择言，说出口的话都像子弹一样打出去攻击着小约翰。在家族生意里，要把公事和私事分得清清楚楚、明明白白是不太可能的。

约翰所说的话充满了愤怒，也并不真实，会议室里的人都没有当真。但小约翰忘不掉那些话。他一言不发地独自坐着，他的父亲说他不是一个好员工，不是一个好丈夫，不是一个好父亲，是一个彻头彻尾的失败者。

如果不是家庭成员听到那些话，完全可以起诉诽谤，但那毕竟是小约翰的爸爸。家人之间似乎总是应该原谅一切。

小约翰坐在那里，眼泪装满了他的双眼，他受到了很大的打击。玛丽看着他也开始哭泣，她第一次看到哥哥哭。小约翰站了起来，收拾起自己的笔记本电脑、本子、钢笔，离开了会议室。

约翰怒吼道："你去哪儿？你连这都忍不了？"

小约翰什么都没有说，他说不出话来。他无颜回家面对妻子向妻子解释。他没法重复父亲说的话，那些话语会永久地刺痛他。小约翰给我打了电话，我为他的父亲当了 32 年的律师。我们一起坐在办公室门口的走廊上，他坐在我的旁边哭泣。

让孩子说出自己的想法

第二天，我给约翰打了个电话，让他来办公室一趟。他来了，我和他坐在同一个走廊上开始聊了起来。

约翰问道："什么事这么急？我女儿让你给她孩子提供个实习吗？"他打趣说着。

有时还是要有话直说，我开口说起来："咱们已经有 30 年交情了。"

他点点头。

"咱俩都心知肚明，只要你想，你随时都可以炒了我。"

"没错，但毕竟咱们已经共同经历这么久了，我又怎么可能炒了你？除非你和我老婆有一腿！"他一拍大腿笑起来。"其实那倒还省事了，我就不用生活在她的魔爪下了！"他开始哈哈大笑。

"约翰，我一直有个问题想问你。"

约翰收起笑声，回答道："什么问题？"

"你是天生就这么傻，还是自己学会变傻的？"

约翰又轻轻笑起来："到底什么意思呀？可是你把我叫来的。"

"我了解你的生意、家庭、成功、挫折，还知道你吃的几个官司，也了解你的奋斗史，你是那么聪明的一个人。但你居然在短短 60 秒里就把事情完全搞砸！"

"你到底在说什么呀？你说的是给孩子们股份的事吗？"约翰开始严肃起来了。

"不，我说的不是股份，而是你在全世界面前羞辱了你的儿子，还说你以他为耻。你说完之后有哪怕停下来想一想吗？想想你对他造成的伤害。你简直是完全摧毁了他！"

约翰很不在意地回答说："得了吧，我们可是一家人！我们只是你来我往罢了，他知道我只是鞭策他。这没什么大不了的。"

"那你说说，上次因为有人说了打击你的话，你就坐在这儿哭了一个小时。"

约翰扭动着不知如何回答。他年纪大了，对这种突如其来的回应招架不住。

"他完了，约翰。你毁了他，毁了他的妻子，毁了他的家庭，他的工作，你毁了他。他不仅离开了公司，他的心也离开了这个家。"

约翰一言不发，我从没见过他沉默这么久。终于他对我说："你一定得帮帮我。"

"我会尽力，但我不知道我能实现什么。你必须完全照我说的做，不然到你死的时候，你儿子也不会和你和好。"

后来的几个月，他都照着我说的在做。公司将小约翰聘为新的首席执行官以及董事长。剩下的股份分给了兄妹俩，约翰得到了 51%，玛丽得到了 49%。小约翰随时有权以合理的价格买下玛丽的股份。玛丽只要手里有股份，也会一直属于董事会的一员。这看起来好像会引起兄妹不和，但并没有。大家都知道这样很公平。更重要的是，终于尘埃落定了。从现在起，没有那么多你来我往，没有悬而未决，没有钩心斗角。

约翰现在是董事会名誉成员，作为公司创始人也会出现在所有重要场合。这样就够了，他现在也有更多时间和孙子孙女在一起。他才发现自己其实挺喜欢这些孩子，包括小约翰第二任妻子的两个儿子。他们根本就不贪图他的钱财，只希望他能偶尔陪伴。

这样的故事并不罕见。这个结局不算坏。当家庭和生意混在一起时，复杂的局面常常会导致这样的情况出现，但也不是不能解决的。如果感到自己的家族企业有了一些问题，可以请教在自己公司工作的儿媳或者女婿，而且要保证他们可以放心地说出任何想法，不会因为说了不愉快的东西遭到报复、辱骂等。问他们是否觉得自己的小家因为家族企业产生了问题，然后认真听听他们的想法，绝对会有让人意想不到的内容。如果了解到公司的潜在问题之后，却不做任何弥补，任由家族和企业的伤痕继续存在，那么就该望着镜子问自己这个问题："我是天生就如此愚蠢，还是学会变得这么愚蠢的？"

第十一章
不要透露你的遗产计划

我的大儿子亚伦是一个聪明、成功、独立的成年人。他有自己的家庭，他的妻子是蕾妮（Rene）。他也非常尊重父母，也就是我和我的妻子。

亚伦之前在一家小企业工作了一年。他曾经问过一个问题难住了我。当时他正在积累法律经验和法律知识，对很多法律问题很好奇，这些问题，他在去法学院学习之前从没有认真想过。我现在都还能清楚记得他的问题："爸爸，你和妈妈有没有想过你们的遗产要怎么才能把税降到最低？"

我稍微有点吃惊，反问他："你的想法是什么呢？"

他不加迟疑地说："您肯定知道，像家庭信托这样的形式可以尽可能地减少税费，将尽可能多的财产留给子女。"他又加了一句："当然啦，我们肯定希望您和妈妈长命百岁！"

父母的财产

当时我对这个问题是如此理解的："爸爸妈妈你们有没有想过要怎么少交税，让你的孩子们，也就是我们，能在你们离世后得到最多的财产？"当时我的脑海中有许多问题。他为什么会问这种问题？他是想当律师帮助我规划我的遗产吗？就像我是客户一样帮我把所有事情处理得井井有条？还是说他在学习过程中发现了这个问题，纯粹只是感到好奇？然后只是单纯地给我提个建议？我脑子里只能理智地思考这几个问题，我感到了极大的不尊重。他什么时候觉得自己可以来管我的私事了，我和他妈妈好像没有教他懂得什么是界线！

我很快整理了思路回答他，我觉得最好让他明白以后最好不要说这种话："儿子，我知道你这么问可能是好意，但我想跟你说两点。一，我和妈妈要怎么处置我们的财产是我们俩的事情。二，如果你以后再问这种问题，我保证等我和妈妈去世以后，就把所有财产都拿去捐了。"

后来几天我一直在想亚伦的问题，好好地思考了一番。如果亚伦不知道自己的问题冒犯了我，那他在人情世故上就太欠缺了。如果他觉得自己这么问完全没问题的话，他为什么会这么想呢？我回想起自己小时候，为什么我小时候不会问爸爸妈妈要如何把更多财产留给我这种问题呢?

我马上想出几个原因。首先就是,我们那时候很多东西都不会和父母谈。这听起来有点过时保守,但事实就是这样。父母不会跟我们谈性,他们只会直接告诉我们这方面哪些事情不能做。他也不想听我在高中和大学的挫折,因为他觉得我应该自己从那些时光里吸取经验。他的看法是,父母如果在这些事情上过多引导孩子,就会影响孩子的人格塑造。他总爱说:"你自己会搞明白的。"

高中最后一年,有一天晚上,我回到家时很慌张,因为我的女朋友没有来月经。我把事情告诉爸爸,他说:"一个字都别跟你妈说,想想现在有什么其他办法。"我不明白他的意思,但谈话就到此为止了。有整整两周我都没睡好,直到女友的医生说她并没有怀孕。

我去大学的第一年,给爸爸寄了一封长达 10 页的信,告诉他我感到郁闷、迷失、挣扎,感到自己在追逐成功的路上开始下滑。他在打高尔夫时用俱乐部的付费电话给我打了个电话说:"儿子,我收到你的信了。我觉得……你想得太多了!放轻松一点,你会成功的,我对你有信心。要让我为你感到骄傲啊,儿子!"然后他就说再见了。

直到今天,回想起那天的那通电话,我都觉得爸爸的心理技巧简直深不可测。当时我非常生气,我在寝室门外把电话挂掉之后,心里想着:他压根不在乎!其实走出迷茫、努力奋斗是我自己的责任。最终我还是回归正轨,解决了自己的问题。现在的我明白了,要渡过人生的难关需要坚持。当时那段时间真的很难熬,爸爸不是不在乎我的困难,他对我的爱不亚于任何父母对自己孩子的爱,但他想要教会我独立生存。

而我们在教育亚伦时，却让他产生了这种错觉，觉得过问我的私事没关系。他是一个独当一面、成功的丈夫、父亲、商人。但教育只能一步一个脚印，哪怕有些方面过得去，也会有顾此失彼的时候，孩子最终全方位的成熟才能算是成功。

和父母谈遗产究竟有什么不妥呢？首先，这会让孩子觉得自己有权参与到父母的生活和私事中，根据他们自己的想法来施加影响，避免父母因为糟糕投资损害他们要继承的财产。这种现象常有发生。其次，父母与孩子之间的爱应该是纯粹的，彼此应该是相互尊重的。但遗产问题会渐渐模糊爱与尊重。在一开始涉及遗产问题时，一切都还很微妙，但随着父母年龄越来越大，成年孩子就会在不知不觉间争夺起控制权，这时才发现情况不对已经太晚。

做一个实验吧，如果你的孩子已经成年了，坐下来和他谈一谈。不管你是身家 5000 还是 5 亿，告诉你的孩子，你决定改变自己的遗产分配，将你的财产在你离世以后全部捐给家庭基金，且全数用于慈善。除此之外什么都别说。看看孩子的反应。下面是可能出现的情况：

1. "爸爸妈妈，这样很好！" "这是你的事情，而且我们做孩子的根本不愿去想你们离开的事情！" "但我们都希望你们能自己把钱用了，好好享受享受！" （分析：*成功的孩子*。）

2. "为什么要这么做呀？" "那些钱能帮我们的孩子读大学！那可是你们的孙子孙女 / 外孙外孙女呀！" （分析：*说谎的孩子，这样的孩子被宠坏了*。）

有两个新人即将结为夫妻，婚礼将在纽约举行。婚礼的前几天，我与新娘艾玛（Emma）一同散步，我们两家人这么些年关系很近。艾玛一直是个很单纯的好孩子，她告诉我她对自己的未来感到兴奋。她在市里一家广告公司上班，她的新郎安东尼（Anthony）刚拿到律师执照，3 年前从耶鲁法学院毕业。我不认识新郎的父母，就问起他们家的情况。

我问道："安东尼一家是什么样的人？"

她回答说："安东尼的父母 15 年前就离婚了，两个人都重组了家庭。他的妈妈凯瑟琳（Catherine）婚后生活改变很大，又嫁给了一个她在埃塞克斯度假时遇见的男人。凯瑟琳的第二位丈夫没有家人，他去世时，凯瑟琳继承了相当大一笔遗产。"

她又说："凯瑟琳已经 70 多岁了，健康状况也不太好。如果她去世了，她的财产就会到安东尼和他的姐姐妹妹手里。他现在已经在郊区买了个房子，他母亲去世以后，我们就会搬去那儿住。我们还计划以后有了孩子买个更大的房子。"

我一时竟不知要说什么。这位年轻美丽的新娘一直都心地善良、彬彬有礼，但她这时谈论婆婆的死亡的口吻竟好像这是一个家族计划一般。不过这确实是他们考虑到计划中的事情！听她说这些让我感到不适，我说："还是谈谈安东尼吧。"但她还没有说完。

"安东尼的爸爸克里斯（Chris）也再婚了。他和他的妻子关系不错，所以克里斯很谨慎地把遗产的事先计划好了，他个人的遗产只会留给他自己的子女。克里斯为妻子买了人身保险，确保自己去世以后她能过得好，这样大家就没有对遗产有什么争论，克里斯的健康状况也不是特别好，他的妻子常常劝诱他，希望能得到更多财产，但子女们都紧紧盯着她呢。"

　　艾玛滔滔不绝地说着："如果安东尼的爸爸去世了，他会得到 1/3 的财产。我们觉得他爸爸还有差不多 5 年，所以我们准备等到那时候再生孩子，万一我们想到其他州去生活呢，这样计划比较好。安东尼到时候再也不用靠当律师那点钱来养家了。"很明显，安东尼和他的姐姐妹妹都觉得自己有权从父母的离异和离世获得好处。

　　别忘了，我们这场谈话发生在艾玛婚礼的几天之前。这样的话语是否有些不合适？是否显得有些被娇惯了？答案是肯定的。但这也在意料之内。**孩子的这类娇惯行为都源于父母把遗产分配计划告诉孩子**。我常听到这样的说辞："我们想让他们做好准备，免得父母意外离开以后他们手足无措。"

　　许多有钱人家的父母都会找到专门的公司，这些公司能教他们的孩子如何处理突如其来的财富。我个人的一些家庭客户都参与了类似的计划，但效果好的并不多。那些授课的人都不是很富有，他们本身并没有继承大笔财富的经历。父母的财富不管有多少，都应该自己去管理，并做好计划以防万一，避免离开以后财产管理的混乱。

关心父母还是惦记财产

随着父母年龄越来越大，如果孩子参与到了父母的财产分配中，他们对父母的健康状况就会产生一种微妙的态度。孩子们会在父母背后讨论父母的健康状况——表面上说着怎么样对父母好，真实想法却并不磊落。"你不觉得爸爸越来越健忘了吗？""妈妈是不是说话走路都越来越慢了？""你觉得我们该什么时候让爸妈把钱给我们管比较好？"说这些话的人最关注的不是父母的身体或者心理状况。如果孩子不掌握经济大权，就会导致自己财产的损失，因为那些钱最终都是他们的！还不如干脆现在就把爸妈的银行卡拿过来呢。"我们可以帮爸爸妈妈管钱，需要的时候就从我们这里拿。"但比起父母的健康，他们可能更关心财产。

我有一个客户就眼看着他的爸爸妈妈（两位老人都满 80 岁了）把钱投进肯定亏本的买卖里。父母在这个年龄当然没有他们当年挣钱时那么敏锐。这种时候看着爸妈赔钱，孩子会觉得很煎熬。在这种情况下，我也建议应该让子女管钱。但我的客户（已经 50 多岁了）还是想尊重父母，毕竟事关尊严，而且钱也是他们的钱。他的做法会让他自己感到痛苦，也很让人敬佩。但这种选择也很违反直觉。谁会让一个卖吸尘器的收自己妈妈 1000

154

美元呢？但要怎么才能既保护父母的尊严，又保护好财产呢？这很难。

父母离世后，孩子们往往会陷入争斗中。他们不会为父母的记忆争斗，而是为父母的钱。哪怕不是巨额财富，也会有这样的情况。我听说过为了20万美元兄弟反目的。父母离世后，孩子之间就没有了缓冲，许多积攒了几十年的情绪会顷刻爆发。在谈到父母的遗产时，个个都会变成理财专家。兄弟姐妹之间也许再也不会与对方说一句话。

财富还是家庭

准备身后事时，一定要做到清晰完善，不要留下模糊不清的地方。东西能卖的都卖，税该交的都交，这样就不会有太多争吵。不要把房子、度假屋、船、公司之类的留给孩子，这样只会后患无穷。

有人会反对说："我们全家人都在家族的公司工作，他们相处得可好了。"但这只是暂时的。兄弟姐妹之间一定已经有了某种怨恨的情绪，只是没有告诉父母而已。如果父母让儿子在自己死后当首席执行官，还让儿子有权以定好的价格买走其他孩子的股份，那么其他孩子必然会觉得自己无足轻重。仔细想想哪个更重要。孩子的快乐？还是一手打造的公司与财富？不要欺骗自己。父母去世后，孩子的行为会发生很大的变化。受娇惯的孩子不会一夜长大，但父母的离去会让孩子成长许多。

马修（Matthew）是我一个很长时间的客户。他有两个儿子小马修（Matthew Jr.）和贾斯珀（Jasper）。马修的妻子因卵巢癌离世以后留下一笔遗产，他尽量地保持着普通的生活方式。他和两个儿子交流时也非常注意对他们的引导，所以两个孩子没有和普通孩子有太多区别。但小马修30岁以后渐渐发现财富能带来关注。而且因为那些财富并不是他自己挣的，所以围绕着他的人都并不是真心尊重他。

富裕人家的孩子必须非常注意自己的行为举止，因为很多人出于嫉妒都会对富裕人家孩子的品格格外挑剔，想发现点瑕疵，好说三道四。在花花世界里，小马修发现身边的女人都对他很主动，小马修只要把钱财拿出来炫耀，她们都会注意到。围着他的女人可不少。

马修65岁时因胰腺癌去世，他走得很突然。发现癌症时已经是晚期了，所以在确诊后，他只活了6周。他的葬礼在帕索罗布斯举行，许多人从几百公里外赶来参加葬礼。葬礼那天，小马修走到我身边，我第一次听到他管他爸爸叫"马修"，而不是称呼其为"爸爸"。他很冷静地问我："对了，你知道马修的摩托车钥匙在哪儿吗？这周末我想用。"我没来得及说什么，葬礼仪式已经开始了。

在接待宾客的地方，小马修远远地看到我，向我招手。他的女朋友就坐在他旁边。我走过去以后，他把手指放在我胸口上，看了看他女友说："你给我拟一个婚前协议吧，也是时候忘记悲痛继续生活了。"

他的女友抬起头看看他，有点哑口无言的样子，问他："你这算求婚吗？"

"对，你可以明天去蒂芙尼选个戒指。不要超过4克拉！"她流下眼泪，站起来拥抱了小马修。求婚就如此结束了，之后他们会计划婚礼了。我好像都没听见她有任何口头回答。

马修应该怎么做才能避免如此情形呢？也许他该早点告诉他的儿子，他死后别人会管理他的财产，他们的生活该怎么过还怎么过。马修应该告诉他的儿子，大多数资产会被用来投资赚钱，不会直接给他们随心所欲地使用。

留下的财富应该是留做应急使用的。在见证太多父母离世的情形之后，我确定了一件事：现行的法律使得心急的孩子能毫无障碍地得到遗产。在父母离世后的几周内，他们会一边悲痛于父母的离世，一边享受着继承的财富。这时钱财已经是他们的钱财了。如果孩子没有任何管理财产的经验，父母最好事先做好准备，雇一位专业的信托人，或者委托自己的会计管理钱财。

不要让孩子知道他们会得到多少财产。如此一来他们也许会很期待那一天的到来！

第十二章
不要给孩子留下太多遗产

如果父母留给孩子太多遗产，那么不管如父母是如何计划的、本意是什么，都可能让孩子反受其害。

富有的人总会苦苦思考这个问题：我究竟该留给孩子多少财产？许多人希望孩子拥有自己都不曾拥有的。将财产留给孩子是父母一生中为孩子所能做的最后一件事，但却常常带来超出意料的影响。

我父母的资产包括住房、储蓄、人寿险，他们没有特别多的现金拿来用。父母的节俭就像是在春天播种，孩子则会在秋天收获。只要父母有房产和一些积蓄，孩子就能继承这些财产。

是需求还是欲望？

在决定遗产分配之前，好好想想以下谈到的这个问题。每个人都有需求和欲望。**如果缺乏计划和指导，金钱就会使欲望变成需求**。继承了遗产的人很少会用遗产去还贷款，或者好好存起来以备不时之需，也不会捐给当地教堂的饥饿救济项目。大多数人继承遗产之后都会纵情享乐，满足一些轻浮的欲望。

如果你的孩子还很年轻，想象一下如果你和妻子（丈夫）突然离世，你的孩子突然得到10万美元会发生什么。不管父母是否有立遗嘱，在孩子18岁或者21岁时，财产都会自动转移到他们个人（年龄根据不同州的法律而定）。虽然生前信托可以让孩子晚些得到财产，但大多数父母还是选择让孩子在25岁或者30岁时就可以接过财产。想想如果我们自己现在是一个25岁的年轻人，突然得到了一个价值50万美元的房子和10万美元现金，搞不好还有几辆新型摩托车，我们会如何面对呢？18岁或者25岁的人还不够成熟，无法好好管理继承的遗产。

想想我们父母在年轻时，为了去读大学或者研究生，不得不打工挣一份法定最低工资来存钱。一笔意外之财绝对会使人尝试走捷径，遗产越多，孩子就越难回到本来的道路，也就无法找到他自己的热情所在。

遗产会使一些人的行为变得丑陋。我以为我已经见过太多这样的例子了，但我参加亚历克斯（Alex）的葬礼时还是吃了一惊。亚历克斯是一个白手起家的成功人士，他之前确诊了脑癌，在 3 个月以后去世了。葬礼上，神父还在发圣餐的时候，许多人都还在哭泣，亚历克斯的大儿子布伦特（Brent）远远地和我进行着眼神交流。他是杜兰大学新闻专业的毕业生，在他父亲去世以前，他还算尊重我这个家庭法律顾问，也一直都比较顺从他父亲。当我的眼神终于和他对上以后，他用分开的食指和中指指了指自己的眼睛，又指向我，然后又指回他自己的双眼。然后他又指了指自己的手表，表示有急事要跟我说。我觉得很奇怪，他的父亲就躺在离他几米远的棺材里，他这么着急有些让人不爽。

仪式结束以后，布伦特穿过 500 多人的人群走向我。其他家庭往往都会在这时告诉我，我是逝者生命中很重要的角色，他们现在希望我能给予他们一些法律上的指导和建议。布伦特来到我身边又做了刚才的手势，对我说："我们现在必须要齐心协力。"原来他那手势是这个意思[1]。

他接下来说的话让我毫无准备。他又指了指表，说："我们得好好合计合计亚历克斯的遗产的事情。"我有一瞬间还以为他是在跟我身后的谁说话，他的口气完全是在命令我，而他父亲生前总是很尊重我。

布伦特说："你星期一早上 8 点有空吗？"

我问："要做什么？"

---

[1] 译者注：英文 eye to eye（直译为眼对眼），指保持一致看法。

"我得知道亚历克斯给他那个怪物老婆留了多少钱，还得知道谁会得到那套海滨别墅。而且我要炒了吉姆（Jim，亚历克斯多年的财务管理，来自富国银行），把钱给我朋友管，他刚开办了自己的资金管理公司。"

　　说到这里，布伦特连看都没有在看我了，非常不尊重我。我有些哑口无言。他短短几句话几乎把所有人都侮辱了个遍——他的继母、父亲、财务顾问，以及现场几乎所有人。但他的父亲才是最心寒的。

　　大多数父母都不愿承认，自己对孩子的骄纵负有很大的责任。他们觉得自己的孩子有自己的"选择"，本可以"选择"更加独立自强。这些父母是发自内心这样想的，他们无法看见孩子一天一天的渐渐变化。但这样的结局显然是父母的溺爱造成的。父母应该教会孩子尊重父母、尊重父母的财产。

贫瘠的金钱

布伦特秉承一种贪婪无罪的世界观，而这种世界观的形成，亚历克斯逃不了干系，他在生前给了布伦特太多经济支持，而且在离世以前没有仔细计划遗产的分配和管理。如果不想让孩子被过分娇惯，在考虑留给孩子什么时，需要改变一贯的思维。

不要去想："给他留多少钱算是太多了呢？"而要想："给他留多少钱算是太少了呢？"不要去考虑上限，够生活就行了。

有的人认为自己的孩子才不会胡乱花钱，但这怎么好说呢？谁能确保自己的孩子能自己管理好钱财与生活呢？

美国98%的家庭都只给孩子提供能填饱肚子的食物、一个住处以及并不名贵的衣物这些基本的生存需求。每当我的客户问我要如何才能把尽可能多的财产留给孩子，我总是让他们想想如果他们什么也不留会怎么样，然后把这样做的坏处写下来。

客户们听到我的回答总是非常震惊，自己的财产不留给孩子是何等的浪费啊。父母辛勤工作奋斗一生所积攒的积蓄总是会留给家人，父母认为这能保证自己离世以后孩子能好好生活。把过多的钱留给孩子，除了保证他们好好生活，就没有其他后果吗？世界上 70% 的遗产继承者都会在几年内将遗产挥霍一空。知道这一点的父母会作何想法？

我做了 33 年的顾问工作，为无数富裕家庭做过顾问，这些把财产悉数交给孩子的家庭，大多数都遭受了意料之外的负面影响。很多继承者在短暂的开心之后就会迎来沮丧、焦虑、愤怒、抑郁、离婚、家庭分裂、兄弟姐妹间反目成仇。死亡与金钱将家庭关系最丑陋的一面展现了出来。

积累财富就好像修筑水坝。每个人都在自己的机会之河上修筑财富之坝，渐渐积起成功之湖。个人财富有多有少，但总是会慢慢积累，滴滴汇入湖中。这个慢慢积累的过程会给人带来莫大的满足。

而下一代就像是生活在下游，父母作为上游的水坝控制者，控制着下游的水量。也就是说，下一代的生活质量实质上是在父母的控制之内的。

若父母完全阻挡流向下游的水，孩子只能到别处寻求生存，修筑他们自己的水坝。但孩子自己是不明白这个道理的，只要还有水从父母那里留下来，他们就会留在下游等待水的到来。如果有源源不断的水流，孩子就会停留在靠近水流的地方。孩子是不明白上流的情况的，他们也不懂得修筑自己的财富水坝，没有体会过控制水量是怎么一回事，而只是靠着流到下游的水生活。

大坝一旦溃决，下游的一切都会被摧毁。父母将一切都留给孩子就相当于坝体溃决，所有财产不加仔细计划管理就转移给孩子，只会毁了孩子。越是在富有的家庭，这样的破坏性就越强。

只能留下钱吗?

　　现在来考虑一下父母什么都不留给孩子会发生什么。如果父母觉得自己没有这个决心，就想想自己的孩子是否在独立生活，如果不是的话，为什么不让孩子独自生活呢？如果两个孩子中有一个从大学毕业当了牙医，而另一个不断换工作，工资刚够生活。那么就让第二个孩子努力地养活自己又有什么不好呢？如果是女孩？女孩就该比男孩更脆弱吗？就理应接受父母的施舍吗？在拉古娜海滩有个40多岁的女人在镇上的工作是推超市手推车，她平时就睡公园里，她一个人也没有活不下去。谁要是敢把手推车从她手里强行抢走，她能把敌人的眼珠子挖出来。人都是在磨砺中成长的。

　　如果还是想不通，想想自己是否在经济上支持自己的女儿？支持了多久？这不就是溺爱吗？是女儿自己觉得自己无法好好生活，还是做父母的这样觉得？是的，完全不过问是很难的，但为什么不试试让女儿独立生存呢？也许你会说："我不忍心看女儿过得不好。"但别骗自己了，父母是不想伤心，无法接受事实。我们做父母的总是过于追求"成功"，在自己的愿望面前忽略了常识。我们害怕让孩子为生活独自努力挣扎。

　　父母离世以后，得到遗产的孩子是不会每次用钱都缅怀思念父母的。

在过去的 30 年里，我见过太多这样的事了，孩子只需要两三个月就会忘记手中的钱财是父母留下的。

如果孩子真的爱自己的父母，不管有没有遗产都会时刻思念父母的，留下遗产并不会让孩子更加思念父母。而且也要记住，社会上的人都是把事情看在眼里的。如果孩子的跑车不是自己买的而是父母买的，每个人都会知道。父母留给孩子的财富越多，社会上的人对孩子的评价就越低。现在大多数人都还生活得很辛苦，钱财如果不是自己挣来的，是无法为自己赢得尊重的。

成功的遗产规划

那究竟该怎么做？有一个亿万富翁有一个颇具创造性的、成功的遗产规划。他将大部分财产用作一所知名大学的楼房建筑，剩下的钱，他采用了一个绝佳的处理办法。他的遗产规划办法是这样的：他用剩下的钱设立了一个信托基金，任何受益人都只能到 60 岁才能得到自己的那份，拿多少呢？退休前 3 个月的平均工资，受益人将以自己退休前的工资水平每年领遗产，一直领到去世。比如说，如果受益人是个护士，年工资 75000 美元，那她每年就能拿 75000 美元。如果受益人是一家上市公司的首席执行官，年工资 75 万美元，那 60 岁以后就每年从基金里领 75 万美元遗产。他希望自己的儿女后代能够退休后相对轻松一些，但领多少钱就看他们各人的职业成就了。他的遗产规划里还有一项附加的内容，如果受益人退休后主动选择为非营利机构工作，那该机构能够获得信托每年 100 万美元的捐赠。

这位父亲就仔细思考过自己的遗产规划，越努力工作拿得越多，愿意做公益的也能给自己工作的机构带去巨大的经济支持，退休后能保持之前的生活方式。但有人可能会说："我可没有几百万美元留给孩子呀。"但这并不妨碍具有创造性的遗产规划。比如可以设立一个信托基金，将遗产留做以后分摊孙辈的教育资金，或者受益人只要在 60 岁之前的 5 年都在做全职工作，60 岁后就可以每月领 500 美元。规划财产分配一定要有创造性，要用作将来的保底，而不是一次给予大笔财产。

无论遗产规划律师本意如何，他们最重要的目标始终是降低遗产税。他们关心别的事情吗？问问遗产律师对子女继承巨额遗产有何看法吧，他们会告诉你，他们很少去思考这个问题。

遗嘱或家庭信托应附带这样的信息：

> 从此信托拿钱也许会产生一些不愉快的后果，比如：生活方式的突然改变、购物上瘾、兄弟反目、夫妻不和、失去动力、好友生疏、成群出现的财富管理人士及筹款人、多年未见的远亲、满邮箱的商品目录。

父母要想避免孩子在自己死后不加节制地挥霍，就要让孩子保持相同的生活方式，不要给予超出他们自己所能争取的生活水平。如果孩子是老师，就继续过老师的生活。如果过得不如意，那就自己找出路。如果很贫困，就保证其基本生活需求。如果是酒鬼，让他们自己回到正轨，如果他们自愿改变，再帮助他们戒酒戒毒。钱作为一份保障能让人感到安心，但拿来挥霍却会有副作用。

或许孩子需要的只是家庭记忆，而不是钱。父母请回想自己人生中的这些时刻：组建家庭、买房、买新车。在这些人生中的重大时刻，若手中的钱财是由他人施舍的，是否会缺少很多东西？那如果这发生在孩子的身上呢？当然也不是好事。父母应当仅为孩子提供保障，而非空头支票。

此外，不要直接将钱财给予孙辈，这样就剥夺了父母直接管教的权利。

将部分遗产放入非营利的家庭私人基金，或者捐赠者指示基金，或者用于慈善，都是很好的办法。这些基金不需要成立费用和管理费用，有少量收益。最低提取额度1000美元！让已成年的孩子共同管理基金，决定其捐赠去向何处。规定基金不能用于家庭开销。参与管理基金的孩子能参与到公益中，遇见很好的人和机构。这些人和机构或许资金紧缺，成年的孩子可以替全家做决断。

这样能使人满足，使父母过世后家庭关系仍然牢固，自己的慷慨也会被人牢记，而且人们都会知道留下财产的人既聪明又懂得理财。

虽然只给孩子留很少的钱很难办到，但这或许是父母最后的严厉之爱。哪怕只是漫不经心地给予一小笔钱，也会有出人意料的腐蚀人心的效果，千万不能忽视这一点。金钱就像毒品，人总会想多要一点点，总是难以满足。留给孩子的钱不要多到让他们可以什么都不做。父母留给孩子的遗产能起到的效果，其实就掌握在父母手中。

结语

真的要把一切最好的都给孩子吗？

把一切最好的都给孩子，这是人之常情，不是吗？但有时违反直觉的事情才是正确的。父母认为就是要把好的都给孩子，但事情总有个度。有的问题需要孩子自己解决，自己在生活的挫折中去应对。父母若是一味帮助解决，就失去了平衡，剥夺了孩子塑造独立人格的机会。

不管穷父母还是有钱父母，都总觉得自己有责任让孩子过得轻松。大多数父母都希望孩子能过得比自己更好。现在，大家都认为经济稳定才能称得上是"更好的生活"，但在帮助孩子的同时，父母们也使得孩子无法塑造人格、品性、工作态度、社交技能，这些都是独立的成年人应该具备的。

一味帮助孩子避免失败，并且在经济上给予孩子，孩子的人生就会缺失一些必要的人生经验，真正负责任的父母是会认真地思考这个问题的。负责任的父母会避免与孩子形成相互依赖的关系，不会样样都管，会让孩子尽量在真正健康的环境下成长。

如果孩子醉驾被捕，有的父母会马上取出养老金将孩子保释出来，雇最好的律师，希望律师的法律技巧能帮助孩子脱罪。但父母真正应该做的，或许是让孩子在看守所过一晚，让其为自己行为的后果买单。

有的人觉得自己的孩子成绩优异，或者是体育健将，有点小瑕疵算不得什么。但不管怎么说，不负责任就是不负责任，幼稚就是幼稚。醉驾的人不管在其他方面如何优秀，对路上的无辜行人就是个危险因素。难道有律师就能为这种危险行为开脱吗？这是哪门子的教育呢？任何人都应该在喝酒后三思，不要坐上驾驶座，这才是父母应该教给孩子的。除了醉驾，如果10多岁的孩子在斗殴中将人打成重伤，等待他的就只有多年的牢狱之苦。

父母需要格外小心，孩子被娇惯是个长期的过程，而且责任就是在父母的身上。为了所谓的"保护"孩子，有的父母人为地将孩子生活的世界与真实世界分隔开来，这样孩子无法建立自己的辨识力与该有的警觉，只会将一切都视作理所当然，永远也不会知道自己所用的一切并不是轻松得来的。父母会为了孩子扫清一切成功路上的障碍，让孩子认为一切都是他们应得的。但如果一切都来得太过轻松，也不会带来什么成就感。价值观的建立也就由此变得残缺，人生徒添过多缺憾，不再完整。

米开朗琪罗要完成《大卫》，也需要狠心雕琢石块。许多父母担心孩子吃苦，但人的品格与热情就是在生活之苦中建立起来的，这是成才成人的必经之路，是生活对人的雕琢。

人的一生就是会有失败，有起伏，跌倒了再爬起来，再次遭遇挫折，最终获得成功与满足。生活难免有困难，但人最终会将其克服，继续前行。这是个学习的过程。当遭遇困境时，我们会与自我、雄心壮志、自我价值、社会定位、自我形象、自己在他人眼中的形象、健康、执迷、失败、经济状况、精神状况等，做一番艰苦卓绝的斗争。

这样的自我斗争已不轻松，外界的风暴也会同时来考验我们。我们会面临失业、房产被抵押、失去至亲、离婚、拿罚单、车子损坏、朋友的背叛等问题。但我们会在这个过程中学习，并继续生活。当乌云渐渐散开，我们会感到感恩与骄傲，也会感到满足。在人生路上保持平静就够了。欢迎来到人生的坡坡坎坎，不管收入多少的人，都注定要克服人生中的千难万险。

许多父母都努力让孩子的生活更轻松，这样只会适得其反，也是一种策略上的懒惰。**当孩子判断不准或者犯了错误，他们必须要承受其结果，才能明白自己的选择与行为的后果。**如果一个孩子的手被炉子烫到了，不管谁再怎么说，他也绝不会再碰。吃过苦头的人自然会本能地避免同样的错误。

父母应该花一点时间想一想，自己的帮助是否有这些负面影响。请记住，给的越多，拿走的也就越多。若要想免去孩子在困境中的痛苦，请想想，如果你愿意去倾听、爱、谈论、宽慰，是否远比摸出钱包解决问题更好。我们都希望孩子不要经历自己的磨砺过程，但克服这些困难却又是带给我们莫大成就感的过程，这不是很讽刺吗？既然父母能熬过来，只要父母放手让孩子独立前行，孩子也能披荆斩棘。

致　谢

感谢安妮·贾斯特斯（Anne Justus）为本书所做的编辑与文字组织工作。

感谢我的同事丽莎·哈雷尔（Lisa Harer）及维多利亚·维加（Victoria Vega）帮助我分担工作，我才能抽出时间做成此书。

感谢尼克·莱纳特（Nick Lehnert）、托尼·马德里加尔（Tony Madrigal）、瑞克·马蒂斯（Rick Mathis）、丹·摩尔（Dan Moore）、比尔·诺贝尔（Bill Noble）、戴维·瑞金斯（Dave Richens）、克里斯·史密斯（Chris Smith）、鲍比·温伯格（Bobby Weinberg）和斯科特·迪克森（Scott Dickson），他们从各个方面给予了我很多帮助。

感谢罗杰·斯普洛克（Roger Spurlock）与谢丽尔·斯普洛克（Cheryl Spurlock），他们堪称祖辈典范。

感谢史蒂夫·拿索（Steve Nassau）在标题上的帮助，以及他卓越的思维。

英文的"娇惯狂"（Entitlemania）一词并非我原创，许多博客与教育文章里都出现过这一词语。感谢劳拉·卡斯特纳（Laura Kastner）博士鼓励我将此词用作英文书名。

参考文献

1. Millon, Theodore. *Disorders of Personality*. Third ed. Hoboken, NJ: John Wiley & Sons, 2011, page 413.

2. Rosenberg, Ross. "The History of the Term Codependency." From The Human Magnet Syndrome: Why The People We Love Hurt Us. Accessed February 26, 2016. http://humanmagnetsyndrome.com/blog/2013/11/22/history-term-codependency/.

3. Johnson, R. Skip. "Codependency and Codependent Relationships." Originally posted on BDPFamily.com, July 13, 2014 and found in the article "Codependency" on Wikipedia. Accessed February 26, 2016. https://en.wikipedia.org/wiki/Codependency.

4. "Disciplina," Wikipedia. Accessed April 3, 2016. https://en.wikipedia.org/wiki/Disciplina.

5. "Discipline," Wikipedia. Accessed April 3, 2016. https://en.wikipedia.org/wiki/Discipline.

6. Romans 5:3–4 (Contemporary English Version).

7. Alice Roosevelt Longworth, Wikipedia. Accessed March 21, 2016. https://en.wikipedia.org/wiki/Alice_Roosevelt_Longworth.

8. Theodore Delano Roosevelt, Wikipedia. Accessed March 21, 2016. https://en.wikipedia.org/wiki/Theodore_Roosevelt.